AF576080

GEORGE BERKELEY

Philosophisches Tagebuch

(Philosophical Commentaries)

Ubersetzt und herausgegeben von

WOLFGANG BREIDERT

FELIX MEINER VERLAG
HAMBURG

PHILOSOPHISCHE BIBLIOTHEK BAND 318

Im Digitaldruck »on demand« hergestelltes, inhaltlich mit der ursprünglichen Ausgabe identisches Exemplar.

Bibliographische Information der Deutschen Nationalbibliothek:
Die Deutsche Nationalbibliothek verzeichnet diese Publikation in der Deutschen Nationalbibliographie; detaillierte bibliographische Daten sind im Internet über *portal.dnb.de* abrufbar.
ISBN 978-3-7873-4825-1
ISBN eBook 978-3-7873-2294-7

Kontaktadresse nach EU-Produktsicherheitsverordnung:
Felix Meiner Verlag GmbH
Richardstraße 47, 22081 Hamburg
info@meiner.de

Gesamtherstellung: Libri Plureos GmbH.
Gedruckt in Deutschland.

INHALT

EINLEITUNG

1. Berkeleys Leben und Werk

1685 12. März: George Berkeley in der Nähe von Kilkenny in Irland als Sohn eines Gutsbesitzers geboren.

1696–1700 Besuch des Kilkenny College.

1700–1713 Trinity College in Dublin. 1704 B.A., 1707 M.A., 1709 Diakon, 1710 Priester. – „Arithmetica absque Algebra aut Euclide demonstrata" und „Miscellanea Mathematica" 1707, „An Essay Towards a New Theory of Vision" 1709, „A Treatise Concerning the Principles of Human Knowledge" 1710, „Passive Obedience" 1712.

1713–1720 vorwiegend auf Reisen. 1713 in London. 1713/14 Italienreise als geistlicher Begleiter des Grafen von Peterborough. 1714–1716 in England. 1716–1720 Italienreise als Tutor von George Ashe, Sohn des Bischofs von Clogher. – „Three Dialogues between Hylas and Philonous" 1713. Artikel im „Guardian".

1721–1724 vorwiegend in Dublin. 1721 Doktor und Lektor der Theologie. 1723 Teilerbe der Hester van Homrigh (Swifts Vanessa). 1724 Dekan von Derry. – „De Motu" und „Essay Towards Preventing the Ruin of Great Britain" 1721.

1724–1728 in England. Vorbereitungen zur Gründung eines theologischen College auf den Bermuda-Inseln. 1728 heiratet Berkeley Anne Forster, Tochter eines Dubliner Richters, aus der Ehe gingen sieben Kinder hervor.

1729–1731 in Newport, Rhode Island. Nachdem das von der englischen Regierung zunächst zugesagte Geld nicht gezahlt wird, kehrt Berkeley erfolglos nach England zurück.

1731–1734 in England. – „Alciphron" 1732, „The Theory of Vision . . . Vindicated and Explained" 1733.

1734–1752 Bischof von Cloyne in Irland. – „The Analyst"

1734, „The Querist" 1735–37, „Siris" 1744.
1753 14. Januar: Berkeley stirbt bei einem Aufenthalt in Oxford und wird dort begraben.

2. *Zum Charakter des Buches*

Berkeleys philosophisches Tagebuch besteht aus Notizen, die er sich zum persönlichen Gebrauch, nicht zur unmittelbaren Veröffentlichung aufzeichnete. Sie sind im Stil nicht einheitlich, er wechselt zwischen telegrammartigen Fragmenten, kurzen Sätzen und ausführlichen Passagen. Oft hängen mehrere aufeinanderfolgende Eintragungen inhaltlich zusammen, oft sind aber auch andere Themen in solche Folgen eingeblendet. Dieser Umstand erschwert die Lektüre und macht eine Übersetzung nicht leicht, doch er bewirkt auch den besonderen Reiz, der darin liegt, daß der Leser an den Neuansätzen, die Berkeley immer wieder versucht, teilnehmen kann. Die ungeschminkte Unmittelbarkeit der Reflexion und des Selbstgesprächs geben einen Einblick in die Entstehung einer originären Philosophie, wie er aufgrund der vorhandenen Texte nur in seltenen Fällen möglich ist. Das philosophische Tagebuch ist kein Lehrbuch, keine Abhandlung, in der vor allem die glatten Ergebnisse zum Vorschein kommen, sondern es ist eher ein Arbeitsbuch oder Zettelkasten, aus dem die Ausgangsfragen und die Arbeitsweise des Philosophen deutlicher werden. Der Autor meißelt an seinen Auffassungen und schlägt deshalb manchmal wiederholt in dieselbe Kerbe. Dadurch wird dieses Buch auch für den Leser zu einem Arbeitsbuch, dessen Gehalt sich ihm nur dann voll erschließt, wenn er bereit ist, damit zu arbeiten, zahlreichen Hinweisen zu folgen und manchen noch nicht dogmatisch erstarrten Gedanken nachzugehen (vgl. Nr. 543).

Daß Berkeley seine Notizen nicht zur unmittelbaren Veröffentlichung niederschrieb, sondern zunächst für seinen persönlichen Gebrauch bei der Arbeit an seinen Schriften, geht daraus hervor, daß er sich mehrmals selbst Anweisungen erteilt, wie er sich beim Schreiben seinen Gegnern oder Lesern gegenüber verhalten soll. So erteilt er sich z. B. selbst den Rat, möglichst wenig von ihrer Sprache abzuweichen und gleichzeitig seine Worte für die Philosophen unangreifbar zu machen (185, 209). Er gibt sich die Anweisung, einfach zu schreiben und den schwülstigen Stil zu vermeiden (300). Er warnt sich selbst vor den Einwänden von kirchlicher Seite (713, 715) und mahnt sich zur Mäßigung seines satirischen Temperaments gegenüber den Mathematikern.

3. Zum Inhalt des Buches

Wie jedes philosophische Werk entstand auch das von Berkeley in der Auseinandersetzung mit vorangehenden Denkern. Unter diesen geistigen Vorfahren Berkeleys nimmt John Locke eine beherrschende Stellung ein. Trotz der mehrfachen Erwähnung von Hobbes, Descartes und Newton und der geistigen Verwandtschaft mit Malebranche bleibt die Bedeutung von Locke für Berkeleys philosophische Entwicklung unübertroffen. Man kann einen sehr großen Teil von Berkeleys Notizen als einen Kommentar zu Lockes „Essay Concerning Human Understanding" lesen. Berkeleys spezifische Art der Interpretation und Gedankenfortführung muß aber immer vor dem Hintergrund der religiösen Auseinandersetzungen in Irland um 1700 gesehen werden. Berkeley schrieb seine frühen Aufzeichnungen am Trinity College in Dublin, dem Zentrum der fanatischen Debatte, die dort zehn Jahre zuvor über John Tolands deistisches Buch „Christianity not Mysterious" (1696) geführt wurde (s. G. V. Lechler, Geschichte des englischen Deismus, hrsg. von G. Gawlick, Hildesheim 1965). Peter Browne, ein Geistlicher des Colleges, hatte damals Toland heftig angegriffen, das Buch wurde schließlich auf Parlamentsbeschluß verbrannt und Toland mußte fliehen. Der Streit zwischen Orthodoxen und Deisten dauerte noch an, als Berkeley in Dublin studierte. Dabei stand Berkeley auf der Seite der Orthodoxie und meinte, die „wahre Religion" verteidigen zu müssen. Er sah die Gefahr für das echte Christentum aber nicht nur in der Vernunftgläubigkeit der Deisten, sondern vor allem auch im Szientismus der Aufklärung.

Vor allem drei Punkte meinte Berkeley bekämpfen zu müssen: 1) die Existenz einer vom Geist, und damit auch von Gott, unabhängigen Materie, 2) die Existenz von allem Unendlichen außer Gott, wie z. B. einem unendlichen Raum oder einer unendlich teilbaren Größe, und 3) die Überheblichkeit der Mathematiker und ihr großes Ansehen aufgrund der angeblichen Exaktheit und Sicherheit ihrer Erkenntnisse. Schon von Anfang an verfolgte Berkeley das Prinzip des Immaterialismus (erkenntnistheoretischen Idealismus), das er auch „mein Prinzip" nennt, und das in der Formel *esse est percipi vel percipere* (Sein ist Wahrgenommenwerden oder Wahrnehmen) berühmt geworden ist, doch von Anfang an betont er auch, daß damit die Realität von Bäumen oder Häusern nicht geleugnet werde. Die Realität der Dinge bleibt bei ihm aber geist- oder subjektimmanent.

Berkeley ist von seinem philosophischen Grundgedanken besessen und versucht ihn in allen Bereichen radikal durchzuhalten. „Philosophie" bedeutet ihm ein Denken, das die Oberfläche durchdringt und sich auch nicht durch paradoxe Konsequenzen, sofern sie nicht widerspruchsvoll sind, abhalten läßt weiterzugehen. In dieser Radikalität liegt Berkeleys Stärke, denn es ist die Stärke des Philosophen, vor Paradoxien nicht zurückzuschrecken, weil das Radikale, das Untergründige, wahrscheinlich immer von den gewohnten Auffassungen abweicht. Damit sollen die Mängel der Berkeleyschen Philosophie nicht verdeckt werden. Sie liegen vor allem darin, daß er die Anteile von rezeptiven Elementen und synthetischen, spontanen Leistungen des Subjekts bei der Erkenntnis nicht klar genug bestimmt hat, und daß er das „Ding an sich", das die unwillkürlichen Anteile der Erkenntnis in uns hervorruft, dogmatisch mit Gott identifiziert.

Die dogmatische These, daß es zwischen den bewußtseinsimmanenten Vorstellungen und den bewußtseinstranszendenten Gegenständen eine brückenlose Kluft gebe, ist für Berkeley völlig unverbindlich. Er unterscheidet zwar zwischen dem wahrnehmenden Akt (*percipere*) und dem Wahrgenommenen (*percipi*), der Vorstellung (*idea*), doch auch diese ist für ihn nur als bewußtseinsimmanente denkbar. Berkeley identifiziert keineswegs die aktive Seite der Wahrnehmung mit der passiven, wie ihm z. B. A. Klemmt unterstellt (Einleitung zu den „Prinzipien der menschlichen Erkenntnis", Hamburg 1957, S. XVI–XIX), sondern er ist der Überzeugung, daß das Sein des Geistes in seiner Aktivität und das Sein der Vorstellung in ihrem passiven Verhältnis dazu bestehe, so daß der Bereich der Vorstellungen und der durch sie konstituierten

Dinge (Vorstellungskomplexe) nicht aus der Bewußtseinsimmanenz hinausführen könne. Allerdings wirft Berkeley im philosophischen Tagebuch auch den Gedanken auf, ob der Geist nichts anderes sei als ein Vorstellungskomplex – eine Auffassung, die im Empiriokritizismus von Ernst Mach wieder vertreten wurde – doch ihm entgegenzuhalten, daß die geistige Substanz sich nicht in Aktivität erschöpfe und daß es bewußtseinstranszendente Dinge gebe, bedeutet, dem Grundgedanken Berkeleys seinerseits mit einem philosophischen Dogma zu begegnen. Berkeleys philosophische Ergebnisse beruhen auf seiner konsequenten Weiterführung der Ansätze von Descartes und Locke. Auf diesem gemeinsamen Ausgangspunkt beruhen viele Gemeinsamkeiten mit Kant, Fichte und vor allem Schopenhauer.

Der Versuch, alle Erkenntnis äußerer Dinge auf die sinnliche Wahrnehmung zurückzuführen, bewirkt ein verstärktes Interesse an der Analyse der einzelnen Sinnesvermögen und ihrer Verknüpfung, insbesondere an der Verbindung von Seh- und Tastempfindungen. Die von William Molyneux aufgeworfene Frage, ob ein zum Sehen gebrachter Blinder beim ersten Blick zu einer adäquaten Verknüpfung von Seh- und Tastsinn fähig sei (s. Anm. 32), bildet einen der Angelpunkte für Berkeleys Diskussion des Sensualismus. Diesem positiven Interesse an der Untersuchung der Sinnlichkeit steht die nominalistische Kritik an der Annahme allgemeiner abstrakter Vorstellungen zur Seite. Diese Kritik bildet nicht nur den Kern eines großen Teils von Berkeleys Sprachphilosophie, sondern ist auch einer der Gründe für seine Polemik gegen die Mathematik seiner Zeitgenossen als einer Wissenschaft von abstrakten Gebilden. Um den Sensualismus in der Mathematik durchhalten zu können, müssen die angeblich abstrakten, oft mit der Unendlichkeit behafteten (z. B. unendlich groß, unendlich klein, unendlich teilbar) Vorstellungen der Mathematiker auf endliche Größen oder bloße Zeichen für endliche Größen zurückgeführt werden. Damit soll zugleich vermieden werden, daß die Unendlichkeit, ein spezifisch göttliches Attribut, auch anderem zugesprochen wird.

Mit der Einschränkung der mathematischen Erkenntnis auf sinnlich wahrnehmbare Gebilde geht die so angesehene Exaktheit der Mathematik im strengen Sinne verloren, bleibt aber im Sinne einer hinreichenden praktischen Genauigkeit erhalten, doch damit unterscheidet sich diese Wissenschaft in ihrem Exaktheitsgrad nicht mehr von anderen Wissenschaften. Abgesehen von dieser, durch seine Erkenntnistheorie bedingten, Kritik an der Mathematik seiner Zeit, sah Berkeley deutlich die Mängel in der damals üblichen Grundlegung der Infinitesimalmathematik, die als solche unabhängig von Berkeleys Philosophie sind (s. auch „Schriften über die Grundlagen der Mathematik und Physik", hrsg. von W. Breidert, Frankfurt a.M. 1969).

Im zweiten Teil seiner Notizen treten immer stärker Probleme im Zusammenhang mit der näheren Bestimmung des (transzendentalen) Subjekts in den Vordergrund; einerseits als Fragen im Hinblick auf das Verhältnis von Wille und Verstand, d. h. von handelndem und perzipierendem Subjekt, andererseits als Problem der Freiheit oder Determiniertheit des Willens. Berkeley schwankt, ob er den Geist als bloßen Komplex seiner Inhalte (Vorstellungen) und den Willen als bloßes Aggregat seiner Akte (*volitions*) auffassen soll, doch in jedem Falle ist ihm das Subjekt (als Geist, *mind* oder *spirit*, Seele oder Wille bezeichnet) letztlich immer *eines*, es ist die „Person". Wenn Berkeley diesen Ausdruck auch aus taktischen Gründen vermeidet, so charakterisiert er doch sehr gut den menschlichen Geist im Sinne Berkeleys, denn *durch* ihn werden die ihm von Gott eingegebenen Vorstellungen perzipiert. Gott ist die einzige Ursache schlechthin, denn er verursacht alle Vorstellungen. An dieser Stelle trifft sich Berkeley mit Malebranches Aussage, daß wir alle Dinge in Gott schauen.

Selbst wenn Gott als Garant der nicht durch Menschen wahrgenommenen Dinge fungiert, bleibt immer noch das Problem, solche Vorstellungen, die nur auf unserer Einbildungskraft beruhen, und solche, die wir durch Wahrnehmungen haben, zu unterscheiden, denn Vorstellungen (*ideas*) müssen ja nicht immer Wahrnehmungen (*perceptions*) sein (582, 609). Auf rein sensualistischer Basis bleibt dieses Problem unlösbar.

Der Schlachtruf „Dinge statt Wörter!" der die Experimentalwissenschaft des 17. Jahrhunderts geprägt hatte, durchzieht auch Berkeleys Philosophie. In fast Wittgensteinscher Weise ist er den Verhexungen unseres Erkenntnisvermögens durch die Sprache auf der Spur. Er sieht z. B. im Ausdruck

„Vorstellungen *von* Dingen" eine solche Verführung, denn sie suggeriere etwas neben oder außer den Vorstellungen. Nach Berkeley sollten wir besser nur sagen: „Wir haben Vorstellungen", wobei „haben" bloß noch das den Vorstellungen immanente Verhältnis zum Geist benennt. Der Satz „Ich habe *meine* Wahrnehmung", den Wittgenstein als „grammatischen Satz" bezeichnen würde, ist für Berkeley eine Tautologie (744).

Berkeleys philosophische Prinzipien waren, ob man sie billigt oder nicht, wissenschaftstheoretisch fruchtbar, sie führten ihn zur berechtigten Kritik an der Infinitesimalmathematik, zur Idee einer bloß phänomenalistisch beschreibenden Physik, zur Ablehnung der naiven Kräfte-Physik und des Begriffs vom absoluten Raum. Auf der Grundlage der Berkeleyschen Theorie des Sehens kam Thomas Reid zu einer nichteuklidischen Geometrie. Trotz Berkeleys philosophiegeschichtlicher Wirkung auf David Hume und die Common-Sense-Philosophie ist es bedauerlich, daß seine Beziehung zu den deutschen Philosophen bis auf den heutigen Tag relativ schwach blieb. So wenig wie Berkeley von Leibniz kannte, wird Kant von Berkeley gewußt haben. Vielleicht trug zur anhaltenden Mißachtung Berkeleys in der deutschen Philosophie nicht nur die Sprachbarriere und Kants „Widerlegung des Idealismus" (Kritik d. reinen Vernunft B 274–279) bei, sondern auch der Umstand, daß man meinte, Berkeleys gesamte Philosophie in der verkürzten Formel erfaßt zu haben: *esse est percipi.*

4. Die Geschichte der Editionen

Die Geschichte der Editionenen dieses philosophischen Tagebuches ist abenteuerlich. Als Rudolf Metz (Kant-Studien 31 (1926), 344–351) schrieb, daß sie „aus einer langen Kette von bösen Zufällen und feindlichen Schicksalen besteht" und daß über dieser Schrift „bisher ein seltsamer Unstern" gewaltet habe, konnte er nicht wissen, daß die Folge der unglücklichen Umstände noch weitergehen sollte.

Berkeley hatte seine Notizen in zwei Hefte niedergeschrieben, die in seinen Nachlaß gerieten und irgendwann einmal in falscher Reihenfolge zusammengebunden wurden. Ein Grund für die Vertauschung könnte darin liegen, daß es auf der letzten Seite des später geschriebenen Heftes (A) heißt „in Book 2 I shall at large shew (in Buch II werde ich umfassend zeigen) . . ." (Nr. 878), was der Binder vielleicht so deutete, daß damit das andere Heft (B) gemeint sei, obwohl es sich auf das Buch II des von Berkeley geplanten, nie vollendeten größeren philosophischen Werkes bezieht, als dessen erster Teil die „Prinzipien der menschlichen Erkenntnis" erschienen sind. A. C. Fraser veröffentlichte das titellose Doppelheft zum ersten Mal (in falscher Reihenfolge!) sowohl in Bd. IV seiner Ausgabe der Werke Berkeleys als auch in seinem Buch „Life and Letters of George Berkeley" Oxford 1871. Der Text ist in Frasers Edition mit zahlreichen Fehlern, willkürlichen Veränderungen und Auslassungen erschienen. In seiner zweiten Auflage der Werke 1901 ist das Tagebuch in Bd. I aufgenommen, der Text zwar oft gegenüber der ersten Ausgabe verändert, aber nicht nur verbessert, sondern häufig noch verschlechtert worden. Erst 1905 wurde die Reihenfolge der beiden Hefte durch Theodor Lorenz richtiggestellt. Sie ist nicht nur aufgrund des Inhalts, sondern auch durch zahlreiche Indizien sichergestellt. Leider wurde diese wesentliche Korrektur von Raymond Gourg, der zwei Jahre später eine französische Übersetzung herausgab, nicht berücksichtigt. Damit mußte auch sein erster Versuch einer Interpretation des Textes scheitern. Obwohl Theodor Lorenz im ersten Weltkrieg verschollen ist, konnte sich Benno Erdmann die Notizen zunutze machen, die Lorenz in das dem philosophischen Seminar der Universität Berlin gehörende Exemplar der ersten Ausgabe von Fraser gemacht hatte. Erdmann lieferte eine hervorragend gründliche Studie des Tagebuch-Inhalts und versah die Eintragungen mit einer Numerierung. Ohne von Erdmanns Schrift Kenntnis zu nehmen, gründete 1923 G. A. Johnston eine eingehende entwicklungsgeschichtliche Darstellung des Berkeleyschen Denkwegs auf das Tagebuch. Ebenfalls ohne Erdmanns Schrift zu berücksichtigen, veröffentlichte Mario Manlio Rossi 1924 seine ausführlich kommentierte und mit einer anderen Numerierung der Eintragungen versehene italienische Übersetzung. 1926 erschien die erste deutsche Übersetzung, besorgt von Andreas Hecht, in der Philosophischen Bibliothek. Er stützte sich zwar auf Lorenz und Erdmann, dessen Numerierung er verwendete, doch bestehen gegen seine Übersetzung erhebliche Bedenken, die es uns geraten sein ließen, eine völlig neue Übersetzung vorzulegen. Er stützte sich zwar auf Lorenz und Erdmann, dessen Numerierung er verwendete, doch bestehen gegen seine Übersetzung erhebliche Bedenken, die es uns geraten sein ließen, eine völlig neue Übersetzung vorzulegen. Der Hauptgrund dafür liegt nicht so sehr in Hechts Übersetzerfähigkeiten, sondern darin, daß ihm noch keine kritische Ausgabe vorlag, weswegen er manchmal einem fehlerhaften englischen Text folgte. Als G. A. Johnston 1930 den englischen Text neu herausgab, hatte auch er das Manuskript Berkeleys nicht selbst gesehen; daher ist auch diese Ausgabe als mangelhaft zu bezeichnen.

A. A. Luce bemühte sich um die dringend erforderliche kritische Ausgabe des Textes. Er gab auch eine *editio diplomatica* heraus, doch sie erschien im Kriegsjahr 1944 in einer Auflage von nur 400 Exemplaren. Diese kritische Ausgabe übertrifft bei weitem alle vorangehenden Ausgaben an Sorgfalt und Genauigkeit, auch im umfangreichen Anmerkungsteil, doch stand Luce bei der endgültigen Vorbereitung der Edition das Manuskript Berkeleys nicht zur Verfügung, so daß er sich auf seine zehn Jahre alten Aufzeichnungen stützen mußte, was zur Folge hatte, daß sich auch in diese Ausgabe zahlreiche Fehler einschlichen, u.a. solche, die darauf beruhen, daß Luce nicht mehr in allen Fällen in seinem Manuskript Berkeleys Zusätze von seinen eigenen unterscheiden konnte.

Für die von A. A. Luce und T. E. Jessop edierte Werkausgabe wurde zwar der Text jener Ausgabe von 1944 noch einmal am Manuskript überprüft und in Bd. I (1948) aufgenommen. Trotzdem waren die Änderungen nicht immer Verbesserungen, so daß auch diese Ausgabe des Tagebuchs sowohl in den Anmerkungen, die gegenüber 1944 stark verkürzt sind, als auch im Text, der nicht mehr Berkeleys Korrekturen nachzeichnet, einige Fehler enthält.

Deswegen besorgte George H. Thomas 1976 eine neue, stark verbesserte, vermutlich endgültige Ausgabe, die vor allem eine buchstabengetreue Transkription des Manuskripttextes bietet, wobei auch durchstrichene und nachgetragene Stellen als solche wiedergegeben sind. Leider beschränkt sich diese eigentlich kritische Ausgabe darauf, als Anmerkungen diejenigen von Luce aus der Ausgabe von 1944 fast unverändert abzudrucken. In jedem Falle ist diese Ausgabe von Thomas die erste, die an die Stelle von Berkeleys Manuskript selbst treten könnte.

5. Das Manuskript

Berkeleys Tagebuch befindet sich heute im British Museum in London unter der Signatur Add. MS. 39305. Es besteht aus zwei (in falscher Reihenfolge zusammengebundenen) Heften, die in dieser Reihenfolge als A bzw. B bezeichnet werden. In der Regel beschrieb Berkeley nur die jeweils rechte Seite, die linke verwendete er für Änderungen und Ergänzungen.

Inhalt (soweit er nicht von fremder Hand hinzugefügt wurde):

Heft A

fol.	
1–2	später beigebundene Blätter
3r	Berkeleys Verzeichnis der Randzeichen (Buchstaben). Nicht von Berkeley: „G: B: Coll: Trin: Dub. Alum:“ und „George Berkeley A.B. ex aed. Xti“.
4r–94r	*Eintragungen Nr. 400–888*
95r	„August 28th. 1708 the Adventure of the Shirt“ Darunter das englisch geschriebene Zitat: „Es wäre zu wünschen, daß Personen von vornehmster Herkunft, Würde und Schicksal sich durch Erziehung, Fleiß und Literatur und eine Liebe zur Tugend um sich selbst kümmerten, um alle anderen Menschen an Wissen und allen anderen für große Taten notwendigen Fähigkeiten ebenso zu übertreffen, wie sie es an Stand und Titeln tun, so daß die Fürsten unter ihnen immer geeignete Menschen für all ihre Geschäfte und hohen Pflichten wählen könnten.“ „Clov.B.7“

Heft B

96v	„Mem. the following statutes were agreed to and sign'd by the Society consisting of eigth persons, Jan: 10.A.D. 1705 (= 1706)“

97r–101r	Satzung der sogenannten Freitagsgesellschaft (in einer sehr sorgfältigen fremden Schrift)
102r/v	*Fragen bzgl. Lockes Philosophie (s. Text Anhang)*
103r	Satzung der sogenannten Donnerstaggesellschaft, u.a. „December the Seventh in the year one thousand seven hundred and Six" (= 7.12.1706) 1706)
103v	*Zitate aus Cicero und Matthäus (s. Textanfang)*
104r–164r	*Eintragungen Nr. 1–399*
164v	(umgedreht) *Notizen bzgl. Locke (s. Text Anhang)*
165v	(umgedreht) Predigtnotizen
166r/v	(umgedreht) „De Motu" (Bewegungsgesetze und zwei Probleme, aber nicht die Schrift von 1721) Zwischen 166 und 167 ist ein Blatt herausgeschnitten.
167r	Ende von „A Description of the Cave of Dunmore" (s. fol. 170 ff.). Zwischen 167 und 168 ein leeres Blatt, danach ist ein Blatt herausgeschnitten.
168v–169v	mathematische Gleichungen
170v–179v	(umgedreht) „A Description of the Cave of Dunmore" (Das Ende steht auf 167r).
180r	Bibliotheksvermerk (nicht von Berkeley), danach zwei leere später beigebundene Blätter.

6. Die Entstehungszeit der Aufzeichnungen

Als Indizien für eine Datierung könnte man auf die in den Manuskriptheften auftretenden Daten verweisen, doch stehen diese nicht innerhalb der philosophischen Notizen, so daß ihr Gewicht für die Bestimmung der Entstehungszeit derselben nur gering ist. Es besagt also nicht viel, daß am Anfang des zeitlich ersten Heftes (B) das Datum 10.1.1705 (1706 unserer Zeitrechnung) als Gründungsdatum einer wissenschaftlichen Gesellschaft vorkommt (fol. 96v) und am Ende des späteren Heftes (A) das Datum 28.8.1708 (fol. 95r) steht. Die im Heft B enthaltenen Satzungen der beiden wissenschaftlichen Gesellschaften selbst, von denen die zweite vielleicht auch nur eine Nachfolgeorganisation der ersten ist, liefern keine weiteren Hilfen für die Datierung, doch stehen möglicherweise Berkeleys erste Notizen mit diesen Diskussionszirkeln in Zusammenhang, denn in der zweiten, der Donnerstaggesellschaft, wird ausdrücklich die Unterhaltung über die „neue Philosophie" (philosophy = Philosophie oder Wissenschaft), also wohl über Locke und Newton, als Aufgabe der Sitzungen festgesetzt (fol. 103r).

Eine sichere, aber grobe Datierung der Eintragungen ergibt sich aus Nr. 374 („Sir Isaac"). Da Newton am 16.4.1705 geadelt wurde, muß diese Eintragung danach geschrieben sein. In einem mit dem 2.12.1708 datierten Manuskript („Draft Introduction") verwendet Berkeley die Eintragung Nr. 748. Sie muß also vor diesem Datum geschrieben sein. Auf der anderen Seite kann Nr. 709 frühestens aus dem Mai 1708 stammen, denn hier zitiert Berkeley eine Ausgabe von Briefen Lockes („Some Familiar Letters between Mr. Locke and Several of His Friends"), die im Mai oder Juni 1708 erschienen ist. Ein weiterer Anhaltspunkt ergibt sich daraus, daß Berkeley die Eintragungen Nr. 351–358 (wiederholt in 415–425) in seinem am 19.11.1707 vor der Dublin Society gehaltenen Vortrag „Of Infinites" verwendete, so daß jene Eintragungen vor diesem Datum liegen werden.

Luce bestimmt die vermutliche Entstehungszeit noch genauer aufgrund von biographischen Indizien (Berkeleys Zeit einer geringen Belastung durch äußere Pflichten) und mit Hilfe von Schriftentwürfen, die allerdings weder erhalten sind, noch auch nur von Berkeley erwähnt worden wären, deren Existenz Luce also nur aufgrund von Indizien fordert. Er bestimmt damit als Entstehungszeit der Notizen Nr. 1–888 die Zeit zwischen dem Sommer 1707 und dem Herbst 1708.

7. Der Titel des Buches

Luce wählte als Titel für Berkeleys Notizen „Philosophical Commentaries", weil der von Fraser gewählte Titel „Commonplace Book" ungeeignet ist, denn es handelt sich nicht um eine Blütenlese oder Zitatensammlung, sondern eher um philosophische Bemerkungen. Berkeley macht darin vor allem Anmerkungen zu Locke, aber auch zu Hobbes, Descartes, Newton, Malebranche und anderen Denkern. Luce vertrat die Vermutung, daß Berkeleys Bemerkungen nicht nur andere Autoren kommentieren, sondern auch einen ersten schriftlichen Entwurf seiner eigenen Philosophie, der jedoch nicht erhalten ist. Die Indizien, die Luce für die Existenz eines solchen Entwurfs anführt, sind aber wenig überzeugend, denn sie lassen sich auch leicht ohne jene Annahme verstehen. Wenn z. B. Berkeley in einem Brief an Samuel Johnson von 1730 „my earliest inquieries (meine frühesten Untersuchungen)" im Hinblick auf die Zeit erwähnt, so muß damit nicht eine eigenständige Abhandlung gemeint sein, sondern es kann sich auch auf die ersten Eintragungen des Tagebuchs selbst beziehen. Die Eintragung Nr. 224 läßt sich leicht als Frage im Anschluß an das von Locke behandelte Molyneux-Problem (s. Nr. 32) verstehen und muß sich nicht auf einen früheren Entwurf Berkeleys beziehen. Solange keine plausibleren Indizien oder Beweisstücke vorliegen, daß Berkeley mit seinen Eintragungen eine eigene Schrift kommentierte, gehe ich von der sparsameren Annahme aus, daß sich Berkeley die ihm bemerkenswert erscheinenden Gedanken, die ihm zu einem großen Teil bei der Lektüre von anderen Autoren kamen, notierte und dabei in zunehmendem Maße seine eigene Philosophie weiterentwickelte. Der Umstand, daß ihm schon in den ersten Eintragungen sein eigener philosophischer Grundgedanke (Nr. 19 „immaterielle Hypothese") bewußt ist, läßt sich leicht dadurch verstehen, daß Berkeley mit seinen Freunden am Trinity College philosophische Diskussionen, insbesondere über Locke und Newton, geführt haben wird.

8. Zur Übersetzung

Im Bewußtsein, daß eine Übersetzung, trotz aller angestrebten Texttreue, keine kritische Edition sein kann, habe ich die Änderungen Berkeleys nur dort in den Anmerkungen notiert, wo sie irgendeine Bedeutung für die Interpretation zu haben scheinen. Ich sah meine Hauptaufgabe in der Erschließung des Textes und habe deswegen nur wenige über dieses Ziel hinausgehende Kommentare beigefügt. Mehr als bei anderen

Schriften waren Querverweise notwendig, um die weitgehende Einheitlichkeit, trotz manchen Sprüngen im Detail, sichtbar zu machen. Es ist selbstverständlich, daß mir die Anmerkungen der früheren Herausgeber, vor allem die von Luce, eine große Hilfe waren.

Bei der Übersetzung waren vor allem zwei Schwierigkeiten zu überwinden: Die oft fragmentarische Form der Sätze läßt sich manchmal nur schwer wiedergeben; ich habe sie auch dort, wo der Leser vielleicht einen flüssigeren Stil erwarten wird, beizubehalten versucht. Einige zentrale Ausdrücke besitzen im Deutschen keine genauen Äquivalente, so daß manche Bedeutungsnuancen unübersetzt bleiben mußten oder andere ungewollt hinzukamen:

„idea": „Idee" gäbe zwar die Assoziation zu „Idealismus" wieder, enthält aber die Gefahr einer Verwechselung mit dem Begriff der Idee bei Platon oder Kant. Das verwendete Wort „Vorstellung" ist zwar blasser und entspricht damit dem sehr weit reichenden Gebrauch bei Berkeley, läßt aber vielleicht vergessen, daß es sich um einen Ausdruck mit einer speziellen philosophischen Bedeutung handelt.

„mind", „spirit", „soul", „intelligence" sind bei Berkeley manchmal fast synonym gebrauchte Ausdrücke zur Bezeichnung des Subjekts, ihre Wiedergabe durch „Geist", „Geistwesen", „Seele", „Vernunftwesen" wird kaum voll befriedigen.

Im Original steht an der Stelle von

Aussage	proposition
Begründung	reasoning
Beweis	demonstration
Einbildungskraft	imagination
Fähigkeit	faculty / power
Festigkeit	solidity
Gedanke	thought
Geist	mind
Geistwesen	spirit
Gestalt	figure
Kraft	power
Seele	soul
Unbehagen	uneasiness

Vernunft	reason
Vernunftwesen	intelligence
Verstand	understanding
sich vorstellen	imagine
Vorstellung	idea
Wahrnehmung	perception
Wille	will
Willensakt/Wollen	volition
Zustandsbestimmung	mode

Abkürzungen

Princ.	Principles (Prinzipien der menschlichen Erkenntnis)
TV	New Theory of Vision
Drei Dialoge	Drei Dialoge zwischen Hylas und Philonous
Locke	Locke, Essay Concerning Human Understanding, mit Buch- und Kapitelangabe
Malebranche	Malebranche, Recherche de la vérité, mit Band-, Buch- und Kapitelangabe

Klammern

(...)	Klammern und Text stammen von Berkeley
[...]	Zusätze des Herausgebers

9. Numerierung und Randzeichen

Berkeley hat seine Eintragungen nicht numeriert. Die von Luce eingeführte Zählung, die auch Thomas verwendet, wurde von mir auch dort, wo sie mir nicht ganz geeignet erscheint, beibehalten, um so einen leichteren Vergleich mit dem englischen Text zu ermöglichen.

Nummern mit einem „a“ stehen bei Eintragungen, die im Manuskript auf der linken Seite stehen, also Ergänzungen oder Korrekturen enthalten.

Berkeley selbst hat seine einzelnen Eintragungen mit Randzeichen markiert; nur bei wenigen fehlt es. Vermutlich versuchte er damit seine mehr oder weniger ungeordnet entstandenen Gedanken nachträglich zu ordnen, um so das gesammelte Material für seine geplanten Publikationen aufzubereiten. Die Bedeutung der meisten Zeichen hat er selbst in einer Liste erklärt, die er am Anfang seines zweiten Heftes (A) zusammengestellt hat. Er verwendet aber auch einige andere Zeichen, deren Interpretation bis heute nur teilweise oder annähernd gelungen ist:

X steht wahrscheinlich für „Mathematik". Darin ist auch die Optik enthalten, während

N die Naturwissenschaft und -philosophie bedeutet, soweit sie sich auf Bewegung und Ursachen bezieht.

Die Zusätze 1 2 3 a oder mehrere davon bedeuten einzelne Problemkomplexe, die in der Theorie des Sehens behandelt werden:

1 Entfernung,

2 Größe,

3 Heterogenität von Sehen und Tasten,

a aufrecht sehen.

+ Die Bedeutung dieses Zeichens ist unklar. Vielleicht diente es dazu, solche Gedanken zu markieren, die in späteren Eintragungen verarbeitet wurden, denn das Zeichen kommt am Anfang unverhältnismäßig oft, aber gegen Ende fast gar nicht mehr vor. Viele dieser Notizen drehen sich um die Themen „einfache Vorstellungen und Definierbarkeit".

○ Gelegentlich strich Berkeley Randzeichen wieder durch. Beim Durchstreichen der Zeichen „+" und „1" (bei Berkeley wie ein senkrechter Strich) wäre die Gefahr einer Verwechselung mit einem Asterisk bzw. Pluszeichen entstanden, deswegen kreiste er diese Zeichen ein.

S̶ Vermutlich verwendete Berkeley „S" zunächst für „Space [Raum]", später aber für „Soul [Seele]".

ob: Es kommt nur bei Nr. 36 vor und bedeutet wohl „objection [Einwand]", s. Nr. 244.

* Asterisk, von Berkeley als Einfügungs- oder Verweisungszeichen verwendet. Diese Bedeutung ist jedoch zweifelhaft bei Nr. 43, 91, 108 (vielleicht sollten diese drei Notizen aufeinander bezogen werden?), Nr. 179, 882 (vielleicht handelt es sich hier um ein durchstrichenes X?), Nr. 199 (vielleicht fehlt in Nr. 198 ein entsprechendes Einfügungszeichen).

‡ aus typographischen Gründen verwendetes Verweisungszeichen, wo Berkeley ein dickes Kreuz (370, 376) oder ein durchstrichenes Kreuz (614, 615, 686) benutzt.

Berkeleys Liste der Randzeichen

I Einleitung [der Prinzipien der menschlichen Erkenntnis]
M Materie
P primäre und sekundäre Qualitäten
E Existenz
T Zeit

S Seele – Seelenwesen [Soul – Spirit]
G Gott
Mo Moralphilosophie
N Naturphilosophie

George Berkeley

PHILOSOPHISCHES TAGEBUCH

Accedat huc suavitas quaedam oportet sermonum atque morum haudquaquam mediocre condimentum amicitiae.* Cicero, De Amicitia

13. Kap. Matth. V. 22 u. 30**

* „Als keineswegs nur mittelmäßige Würze der Freundschaft sollte ein gewisser Reiz der Reden und Sitten hinzukommen."

** „Was aber unter die Dornen gesät ist, bedeutet: Wenn jemand das Wort hört, aber die Sorge dieser Welt und der Betrug des Reichtums das Wort erstickt, bringt es keine Frucht." – „Laßt beides miteinander wachsen bis zur Ernte; und zur Zeit der Ernte will ich zu den Schnittern sagen: Sammelt zuerst das Unkraut und bindet es in Bündel, um es zu verbrennen, sammelt aber den Weizen in meine Scheune!"

\+ 1. Eine Ewigkeit größer als eine andere derselben Art.

\+ 2. In welchem Sinne Ewigkeit begrenzt sein kann.

G,T 3. Ob Sukzession von Vorstellungen in der göttlichen Vernunft?

T 4. Zeit eine Reihe von aufeinander folgenden Vorstellungen.

\+ 5. Dauer nicht von Existenz unterschieden.

\+ 6. Sukzession erklärt durch Vorher, Zwischen, Nachher und Zählen.

\+ 7. Warum Zeit in Leid länger als Zeit in Freude?

\+ 8. Dauer unendlich teilbar, Zeit nicht so.

T 9. Dasselbe *τὸ νῦν* nicht allen Vernunftwesen gemeinsam.

\+ 10. Zeit aufgefaßt als unendlich teilbar wegen ihres Maßes.

12X 11. Ausdehnung in einem gewissen Sinne nicht unendlich teilbar.

\+ 12. Kreisläufe messen unmittelbar die Reihe von Vorstellungen, mittelbar die Dauer.

T 13. Zeit eine Empfindung, deswegen nur im Geist.

\+ 14. Ewigkeit ist nur eine Folge unzählbar vieler Vorstellungen. Von hier aus die Unsterblichkeit der Seele leicht begriffen oder eher die Unsterblichkeit der Person; die der Seele ist, so weit wir sehen können, nicht notwendig.

\+ 15. Schnelligkeit von Vorstellungen verglichen mit der der Bewegung zeigt die Weisheit Gottes.

\+ 16. Was, wenn Sukzession von Vorstellungen schneller wäre, was, wenn langsamer?

M 17. Adams Fall, Entstehung von Götzendienst, Entstehung von Epikureismus und Hobbismus, Disput über Teilbarkeit der Materie usw. erklärt durch materielle Substanzen.

~~MS~~ 18. Ausdehnung eine Empfindung, deswegen nicht ohne den Geist.

M~~S~~ 19. Nach der immateriellen Hypothese ist die Wand weiß, Feuer heiß usw.

1~~P~~ 20. Bewiesen, daß in der Materie keine primären Vorstellungen existieren, auf dieselbe Weise, wie bewiesen, daß keine sekundären darin existieren.

X 21. Beweise der unendlichen Teilbarkeit der Ausdehnung setzen Länge ohne Breite (oder unsichtbare Länge) voraus, was absurd ist.

1M 22. Welt ohne Denken ist *nec quid nec quantum nec quale* etc. [Weder ein Etwas, noch ein Wieviel, noch ein Solches usw.]

M 23. Es ist seltsam, über die von vernünftigen Wesen entleerte Welt nachzudenken.

\+ 24. Eigentlich existiert nichts außer Personen, d. h. Dingen mit Bewußtsein. Alle anderen Dinge sind nicht so sehr Existenzen als Arten der Existenz von Personen.

\+ 25. Frage über die Seele oder eher Person, ob sie nicht völlig bekannt sei.

X 26. Unendliche Teilbarkeit der Ausdehnung setzt die

äußere Existenz der Ausdehnung voraus, aber letzteres ist falsch, ergo ersteres auch.

13X 27. Frage: Würde ein zum Sehen gebrachter Blinder beim ersten Blick Bewegung erkennen?

13X 28. Durch Sehen wahrgenommene Bewegung, Gestalt und Ausdehnung sind verschieden von den durch Tasten wahrgenommenen Vorstellungen, die unter denselben Namen laufen.

\+ 29. Diagonale inkommensurabel mit der Seite. Frage, wie dieses in meiner Lehre sein kann.

N 30. Frage, wie Newtons zwei Arten von Bewegung mit meiner Lehre in Übereinstimmung zu bringen.

X 31. Begrenzungen von Flächen und Linien nicht *per se* vorstellbar.

13X 32. Molyneux' Blinder würde beim ersten Blick die Kugel oder den Würfel nicht als Körper oder ausgedehnt erkennen.

+~~S~~ 33. Ausdehnung so weit davon entfernt, unverträglich damit zu sein, daß sie unmöglich ohne Denken existieren könnte.

M.S. 34. Ausdehnung selbst oder irgendetwas Ausgedehntes können nicht denken, da jene bloße Vorstellungen oder Empfindungen sind, deren Wesen wir durchaus kennen.

13X 35. Durch Sehen keine Ausdehnung, aber Fläche wahrnehmbar.

ob: 36. Wenn wir uns zwei Kugeln vorstellen, die sich z. B. im
M.~~S~~. Leeren bewegen, so heißt das nur, eine Person zu denken, die solche Empfindungen hat.

1M.~~S~~ 37. Daß Ausdehnung in einem nichtdenkenden Ding existiert, ist ein Widerspruch.

M1 37a. oder besser: in einem Ding, das keine Wahrnehmung hat, denn Denken scheint Handlung zu implizieren.

\+ 38. Frage, ob sichtbare Bewegung proportional der tastbaren Bewegung sei.

T 39. In manchen Träumen Sukzession von Vorstellungen schneller als sonst.

1M 40. Wenn ein Stück Materie Ausdehnung hat, muß sie durch eine besondere Größe und Gestalt bestimmt sein, aber usw.

\+ 41. Nichts entspricht unseren primären Vorstellungen, es sei denn Kräfte; daraus ein direkter und kurzer Beweis von einem aktiven, kraftbegabten Wesen, das von uns verschieden ist und von dem wir abhängig sind usw.

\+ 42. Die Namen von Farben tatsächlich tastbaren Qualitäten gegeben mit Bezug auf die Darlegung des deutschen Grafen.

* 43. Frage: Wie kamen sichtbare und tastbare Qualitäten
13X mit demselben Namen in alle Sprachen?

\+ 44. Frage, ob Sein nicht die Substanz der Seele sein könnte oder (anders folgendermaßen) ob Sein, zu ihren Fähigkeiten hinzugefügt, das reale Wesen und die adäquate Definition der Seele vervollständigt.

N 45. Frage, ob es uns bei Voraussetzung äußerer Körper
M.N. möglich sei, zu erkennen, daß irgendein Körper absolut in Ruhe ist, da dieses Vorstellungen voraussetzt, die viel langsamer sind als gegenwärtig. Körper, die sich jetzt scheinbar bewegen, wären dann scheinbar in Ruhe.

MS 46. Frage: Was außer einer Empfindung kann einer Empfindung ähnlich sein?

MS 47. Frage: Sah jemals irgendein Mensch irgendwelche anderen Dinge als seine eigenen Vorstellungen, so daß er jene mit diesen vergleichen und diese für jenen ähnlich halten könnte?

T 48. Das Leben einer Fliege kann, so viel wir wissen, ebenso lange dauern wie das eines Menschen.

31X 49. Sichtbare Entfernung artverschieden von tastbarer Entfernung auf drei verschiedenen Wegen bewiesen:

31X 1. Wenn ein tastbarer Zoll einem sichtbaren Zoll gleich ist oder zu ihm in irgendeinem anderen Verhältnis steht, folgt daraus, daß Ungleiches gleich ist, was absurd ist, denn: In welche Entfernung müßte der sichtbare Zoll gebracht werden, um ihn mit dem tastbaren Zoll gleich zu machen?

31X 2. Ein zum Sehen Gebrachter, der noch nie seine eigenen Glieder oder etwas, das er betastet hat, gesehen hat, würde beim Anblick einer Länge von einem Fuß wissen, daß es eine Länge von einem Fuß ist, wenn tastbarer Fuß und sichtbarer Fuß dieselbe Vorstellung wären, *sed falsum id ergo et hoc* [aber dieses ist falsch, also auch jenes].

31X 3. Mit Molyneux' Problem, das sonst durch Locke und ihn selbst falsch gelöst ist.

1~~S~~M 50. Nichts als Vorstellungen wahrnehmbar.

M~~S~~ 51. Kein Mensch kann zwei Dinge ohne Wahrnehmung von jedem der beiden miteinander vergleichen, ergo kann er nicht behaupten, daß etwas, das keine Vorstellung ist, einer Vorstellung ähnlich oder unähnlich sei.

M+ 52. Körper usw. existieren, sogar, wenn sie nicht wahrgenommen werden, sie sind Kräfte im aktiven Wesen.

\+ 53. Sukzession ist eine einfache Vorstellung. Locke, Kap. 7.

53a. Sukzession ist eine abstrakte, d. h. eine unbegreifbare Vorstellung.

31X 54. Sichtbare Ausdehnung (ist proportional zur tastbaren

Ausdehnung, außerdem) wird durch Teile vermehrt und vermindert, daher für dasselbe genommen.

XS 55. Wenn Ausdehnung ohne den Geist in Körpern wäre, Frage, ob tastbar oder sichtbar oder abstrahierbar oder beides.

1X 56. Mathematische Aussagen über Ausdehnung und Bewegung in einem doppelten Sinne wahr.

M.S 57. Ausdehnung gedacht als besonders träge, weil nicht mit Freude und Schmerz verbunden, daher der Gedanke, daß sie in der Materie existiert, auch weil sie als zwei Sinnen gemeinsam begriffen wurde.

57a. Auch wegen der beständigen Wahrnehmung durch sie.

11X 58. Ein Blinder könnte nicht beim ersten Blick sagen, wie nahe bei ihm das, was er sieht, ist, nicht einmal, ob es außerhalb von ihm oder in seinem Auge ist. Frage: Würde er nicht das letztere denken?

3X1 59. Ein Blinder könnte nicht beim ersten Blick wissen, daß das, was er sieht, ausgedehnt ist, bis er ein und dasselbe Ding gesehen und berührt hat. Nicht wissend, wie das *minimum tangibile* aussehen würde.

M. 60. Bedenke, daß homogene Teilchen eingeführt wurden, um dem Einwand von Gottes Schöpfung der Sonne, Pflanzen usw. vor den Tieren zu begegnen.

X 61. In jedem Körper zwei unendliche Folgen von Ausdehnung, die eine von tastbarer, die andere von sichtbarer.

\+ 62. Alle Dinge von einem Blinden beim ersten Blick in einem Punkt gesehen.

\+ 63. Unkenntnis von Linsen brachte die Menschen dahin, zu denken, Ausdehnung sei in den Körpern.

M. 64. Homogene Materieteile: nützlich über sie nachzudenken.

\+ 65. Wenn Ausdehnung in der Materie, verändert sie ihre Beziehung zum *minimum visibile*, das unveränderlich zu sein scheint.

\+ 66. Frage, ob das m.v. unveränderlich sei.

1M. 67. Jedes Materieteilchen muß, falls ausgedehnt, unendlich ausgedehnt sein oder eine unendliche Folge von Ausdehnung haben.

1M 68. Wenn die Welt erwiesenermaßen aus Materie besteht, ist es der Geist, der ihr Schönheit und Maß verleiht.

3X1 69. Was ich gesagt habe, beweist nur, daß es niemals und für keinen Menschen ein Verhältnis zwischen z. B. einem sichtbaren und einem tastbaren Zoll gibt.

3X1 70. Tastbare und sichtbare Ausdehnung sind heterogen, weil sie kein gemeinsames Maß haben, auch weil ihre einfachsten, konstituierenden Teile oder Elemente spezifisch verschieden sind, nämlich *punctum visibile et tangibile*. N.B. Der erstere scheint kein guter Grund zu sein.

M.N. 71. Durch Immaterialität ist die Kohäsion von Körpern aufgelöst oder besser: der Disput hört auf.

X 72. Unsere Vorstellung, die wir „Ausdehnung" nennen, ist in keiner Weise einer Unendlichkeit fähig, d. h. weder unendlich klein noch groß.

\+ 73. Größtmögliche Ausdehnung unter einem Winkel gesehen, der kleiner als 180 Grad sein muß, die Schenkel dieses Winkels gehen von den Enden der Ausdehnung aus.

S̶
M 74. Läßt man zu, daß es ausgedehnte, körperliche usw. Substanzen ohne den Geist gibt, so ist es unmöglich, daß der Geist sie erkennen oder wahrnehmen kann; der Geist, der nach den Materialisten nur die Eindrücke wahrnimmt,

die auf sein Hirn erfolgen, oder besser: die Vorstellungen, die jene Eindrücke begleiten.

X 75. Einheit *in abstracto* überhaupt nicht teilbar, ob sie wie ein Punkt ist oder, mit Barrow, überhaupt nichts; *in concreto* nicht *ad infinitum* teilbar, denn es gibt keine Vorstellung, die *ad infinitum* verkleinerbar ist.

M 76. Irgendein Subjekt kann aus jeder Art primärer Quali-
1 täten jeweils nur eine besondere auf einmal haben. Locke B. 4, Kap. 3 § 15.

\+ 77. Frage, ob wir von großen Zahlen als solchen klare Vorstellungen haben oder nur von ihren Relationen.

1M 78. Zur Festigkeit siehe L[ocke] B. 2, Kap. 4, § 1, § 5, § 6. Wenn irgendeiner fragt, was Festigkeit ist, laß ihn einen Stein zwischen seine Hände nehmen, und er wird es wissen. Körperausdehnung ist Kontinuität von Festem usw., Raumausdehnung ist Kontinuität von Nichtfestem usw.

3X1 78a. Warum kann ich nicht sagen, sichtbare Ausdehnung sei eine Kontinuität von sichtbaren Punkten, tastbare Ausdehnung sei eine Kontinuität von tastbaren Punkten?

M 79. Denke daran, daß ich beachte, daß ich mich Skeptikern, Fardella usw. dadurch nicht anpasse, daß ich behaupte, Körper existieren gewiß, was sie bezweifeln.

M 80. Ich bin bezüglich der Existenz und der Realität der Körper sicherer als Herr Locke, weil er nur das, was er sinnliche Erkenntnis nennt, beansprucht, während ich meine, eine demonstrative Erkenntnis ihrer Existenz zu haben, indem ich unter ihnen Kombinationen von Kräften in einem unbekannten Substrat verstehe.

MS 81. Unsere Vorstellungen, die wir Gestalt und Ausdehnung nennen, keine Bilder der Gestalt und Ausdehnung der Materie, da diese (falls es solche gibt) unendlich teilbar sind, jene nicht.

\+ 82. Es ist unmöglich, daß ein materieller Würfel existiert, weil die Kanten eines Würfels einem scharfen Sinn unscharf erscheinen werden.

\+ 83. Menschen sterben oder befinden sich im Zustand der Vernichtung – mehrmals an einem Tag.

S 84. Kräfte. Frage, ob mehrere oder nur eine?

\+ 85. Längen abstrahiert von Breiten sind das Werk des Geistes, sie schneiden sich in einem Punkt unter sämtlichen Winkeln; auf dieselbe Art ist Farbe von Ausdehnung abstrahiert. Jede Lage verändert die Linie.

X 86. Frage, ob Vorstellungen von Ausdehnung aus anderen Vorstellungen zusammengesetzt sind, z. B. die Vorstellung von einem Fuß zusammengesetzt aus mehreren Vorstellungen von einem Zoll usw.

\+ 87. Die Vorstellung von einem Zoll Länge nicht eine einzige bestimmte Vorstellung. Untersuche von da aus den Grund, warum wir bei der Beurteilung von Ausdehnung mittels des Sehens versagen; zu welchem Zweck es geeignet ist, auch die häufigen und plötzlichen Veränderungen der Ausdehnung aufgrund der Stellung zu betrachten.

2X1 88. Keine bestimmten Längenvorstellungen ohne ein Minimum.

M.~~S~~. 89. Materielle Substanz von Locke verspottet B. 2, Kap. 13, § 19.

M~~S~~ 90. In meiner Lehre hören alle Absurditäten vom unendlichen Raum usw. auf.

* 91. Frage, ob wir tastbare Ausdehnung und Gestalt mit
23X1 der sichtbaren verwechselt hätten, falls (grob gesprochen) alle von uns gesehenen Dinge jederzeit zu klein wären, um gefühlt zu werden.

T 92. Frage, ob, falls Sukzession von Vorstellungen im ewigen

Geist, für Gott nicht eher ein Tag wie 1000 Jahre erscheint als 1000 Jahre wie ein Tag.

\+ 93. Nur eine einzige Farbe und ihre Abstufungen.

\+ 94. Untersuchung über einen großen Fehler bei Verfassern von Büchern zur Dioptrik in der Angabe des Grundes, weshalb Mikroskope Objekte vergrößern.

X+ 95. Frage, ob ein zum Sehen gebrachter Blinder beim ersten Blick eine beliebige durch das Sehen eingeführte Vorstellung mit dem Ausdruck „Entfernung" benennen würde, weil er Entfernung, die er durch Tasten wahrgenommen hatte, als etwas auffassen würde, was außerhalb seines Geistes existiert. Doch er würde sicherlich denken, daß kein gesehenes Ding außerhalb seines Geistes wäre.

S 96. Wäre Raum ohne irgendwelche Körper *in rerum natu-*
\+ *ra*, so wäre er nicht ausgedehnt, weil er keine Teile hätte, denn Teile werden ihm in Bezug auf Körper zugeschrieben, woher auch der Begriff der Entfernung genommen ist. Wie kann es nun ohne Teile, ohne Entfernung oder Geist Raum oder irgendetwas außer einem einzigen einförmigen Nichts geben?

X+ 97. Zwei Beweise, daß ein zum Sehen gebrachter Blinder von allen Dingen, die er sähe, nicht annehmen würde, daß sie außerhalb seines Geistes bzw. in einem Punkt liegen. Der eine mit Hilfe mikroskopischer Augen, der andere mit Hilfe des Fehlens der Wahrnehmung von Entfernung, d. h. des Radius' der visuellen Sphäre.

M. 98. Die Bäume stehen im Park, d. h., ob ich will oder nicht, ob ich mir irgendetwas über sie einbilde oder nicht, laß mich nur dorthin gehen und meine Augen öffnen, und ich werde sie unweigerlich sehen.

\+ 99. Obwohl Schnelligkeit und Langsamkeit der Bewegung von unseren Vorstellungen abhängen, folgt deswegen nicht, daß dieselbe Kraft einen Körper über einen größeren oder kleineren Raum bewegen kann, entsprechend der Langsamkeit oder Schnelligkeit unserer Vorstellungen.

3X1 100. Unter Ausdehnung würde ein Blinder entweder die Wahrnehmung verstehen, die in seinem Tastsinn durch etwas verursacht wird, das er „ausgedehnt" nennt, oder auch die Fähigkeit, diese Wahrnehmung hervorzurufen, welche Fähigkeit draußen in dem Ding liegt, das „ausgedehnt" genannt wird. Nun könnte er nicht wissen, daß jedes von diesen beiden in sichtbaren Dingen vorhanden ist, bis er es ausprobiert hätte.

X 101. Geometrie scheint tastbare und nicht sichtbare Ausdehnung, Gestalten und Bewegung zum Gegenstand zu haben.

a 102. Der Grund erklärt, warum wir Dinge aufrecht sehen,
3X1 deren Bilder im Auge umgekehrt sind.

32X1 103. Man wird sagen, ein Körper werde so groß wie vorher erscheinen, obwohl die sichtbare Vorstellung, die er liefert, kleiner ist, als sie war, deswegen ist die Größe oder tastbare Ausdehnung des Körpers von der sichtbaren Ausdehnung verschieden.

X 104. Zahl nirgends ohne den Geist, weil es der Geist ist, der dadurch, daß er die Dinge als Einheiten betrachtet, komplexe Vorstellungen von ihnen erzeugt. Es ist der Geist, der zu einem verbindet, was durch andere Betrachtung seiner Vorstellungen von dem, was gerade eben nur eines war, eine Menge machen kann.

X 105. Ausdehnung oder Raum keine einfache Vorstellung; Länge, Breite und Festigkeit sind drei verschiedene Vorstellungen.

3X1 106. Tiefe oder Festigkeit nicht durch Sehen wahrgenommen.

+ 107. Merkwürdige Machtlosigkeit der Menschen. Mensch ohne Gott. Elender als ein Stein oder Baum, denn er hat nur die Macht, aufgrund seiner unausgeführten Entschlüsse, die überhaupt keine Macht haben, bedauernswert zu sein.

* 108. Länge, wahrnehmbar durch Hören; Länge und Breite durch Sehen; Länge, Breite und Tiefe durch Tasten.

GS 109. Was auf uns wirkt, muß etwas Denkendes sein, denn, was nicht denkt, kann keinen Bestand haben.

+ 110. Zahl nicht in Körpern. Sie ist das Geschöpf des Geistes, das völlig von seiner Betrachtung abhängt und mehr oder weniger nach Belieben des Geistes ist.

+S 111. Denke daran, Frage, ob Ausdehnung eine mit der Farbe gleiche Empfindung sei.

X 111a. Die Menge verwendet nicht das Wort „Ausdehnung“. Es ist ein abstrakter Ausdruck der Schulen.

PS 112. Runde Gestalt ist eine Wahrnehmung oder Empfindung im Geist, aber im Körper eine Kraft. L. B. II, Kap. 8, § 8.

113. Denke daran, beachte gut den letzten Teil des zuletzt zitierten Paragraphen.

3X1 114. Feste oder beliebige andere tastbare Dinge werden nicht anders gesehen als Farben gefühlt, nach dem deutschen Grafen.

MS 115. „Von“ und „Dinge“ Fehlerursachen.

2X1 116. Der sichtbare Punkt dessen, der mikroskopische Augen hat, wird weder größer noch kleiner als meiner sein.

X 117. Frage, ob die Sätze und sogar die Axiome der Geometrie sich nicht von denen unterscheiden, die die Existenz von Linien usw. unabhängig vom Geist voraussetzen.

T 118. Ob Bewegung das Maß der Dauer sei, siehe Locke B. 2, Kap. 14 § 19.

X 119. Linien und Punkte, aufgefaßt als Begrenzungen, andere Vorstellungen als die absolut aufgefaßten.

X 120. Jede Lage ändert eine Linie.

X 121. Ein Blinder würde beim ersten Blick Farben nicht als
S außerhalb seines Geistes seiend annehmen, sondern Farben würden als am selben Platz wie die gefärbte Ausdehnung seiend erscheinen, deswegen würde Ausdehnung nicht als außerhalb des Geistes seiend erscheinen.

2X1 122. Alle sichtbaren konzentrischen Kreise, deren Mittelpunkt das Auge ist, sind absolut gleich.

\+ 123. Warum eine unendliche Zahl absurd ist, von Locke nicht richtig gelöst.

3X1 124. Frage: Wie ist es möglich, daß wir Ebenen oder gerade Linien sehen können?

2X1 125. Frage: Warum erscheint der Mond am Horizont größer?

a 126. Frage: Warum sehen wir Dinge aufrecht, wenn sie
3X1 umgekehrt gemalt sind?

T 127. Frage, von Herrn Deering gestellt bezüglich des Diebes und des Paradieses.

M1S 128. Materie, selbst wenn man ihre Existenz zuläßt, kann nicht größer als eine Nadelspitze sein.

\+ 129. Bewegung ist dem in gegebener Zeit beschriebenen Raum proportional.

\+ 130. Geschwindigkeit ist nicht dem in gegebener Zeit beschriebenen Raum proportional.

M1 131. Keine aktive Kraft als der Wille, deswegen wirkt Materie – wenn sie existiert – nicht auf uns.

\+ 132. Größe, wenn man sie nur als *ratio partium extra partes* [Verhältnis der Teile neben Teilen] nimmt oder eher als Koexistenz oder Sukzession ohne Betrachtung der koexistierenden und sukzedierenden Teile, ist infinit oder eher indefinit oder vielleicht überhaupt nicht teilbar, weil sie selbst infinit oder indefinit ist; aber definite, begrenzte Größen, d. h. Linien oder Flächen, die aus Punkten bestehen, wodurch sie (zusammen mit Entfernung und Lage) begrenzt sind, sind in solche Punkte auflösbar.

\+ 133. Nochmals: Größe, genommen als Koexistenz und Sukzession, ist überhaupt nicht teilbar, sondern eine einzige einfache Vorstellung.

\+ 134. Einfache Vorstellungen enthalten weder Teile noch Relationen, werden kaum getrennt und an sich selbst betrachtet, noch von keinem Autor richtig ausgesondert. Beispiel Kraft, Rot, Ausdehnung usw.

~~S~~ 135. Raum durch keine Vorstellung, die vom Sehen aufge-
M nommen ist, vorstellbar; nicht vorstellbar ohne einen sich bewegenden Körper; sogar dann nicht notwendig existent (ich spreche von unendlichem Raum), denn, was der Körper hinter sich gebracht hat, könnte als vernichtet aufgefaßt werden.

M~~S~~1 136. Frage: Was können wir außer Farben sehen. Was können wir fühlen außer hart, weich, kalt, warm, Lust, Unlust?

3X1 137. Frage: Warum nicht Ausdehnung tasten und schmekken?

3X1 138. Frage: Warum nicht tastbare und sichtbare Ausdehnungen gedacht als heterogene Ausdehnungen, ebensogut wie schmeckbare und riechbare Wahrnehmungen gedacht als heterogene Wahrnehmungen oder warum nicht wenigstens so heterogen wie Blau und Rot?

\+ 139. Einleitende Abhandlung über Aussonderung und Abstraktion von einfachen Vorstellungen.

2X1 140. Der Mond erscheint am Horizont bezüglich der sichtbaren Ausdehnung nicht größer als sonst, deswegen hören die Schwierigkeiten und Dispute über die unter gleichen Winkeln gesehenen Dinge usw. auf.

\+ 141. Alle *potentiae* gleicherweise indifferent.

\+ 142. A.B. Was meint er mit seiner *potentia*? Ist es der Wille, das Begehren, die Person, alles dieses oder keines davon, oder manchmal das Eine, manchmal das Andere.

\+ 143. Kein handelndes Wesen kann als indifferent bezüglich Unlust und Lust aufgefaßt werden.

\+ 144. In einem streng philosophischen Sinne gesprochen, machen nicht wir die Gegenstände mehr oder weniger angenehm, sondern die Naturgesetze tun es.

* 145. Ein endliches vernünftiges Wesen könnte vor viertau-
Mo.S send Jahren den Ort und die Umstände, sogar die geringsten und trivialsten, meiner gegenwärtigen Existenz vorhergesehen haben.

* 145a. Dies ist wahr unter der Voraussetzung, daß Unbeha-
S.Mo. gen den Willen bestimmt.

* 146. Freiheitslehren, Vorherwissen usw. durch Billardku-
S.Mo. geln erklärt.

\+ 147. Was sollten wir von einem Objekt denken, das wie in der Schwierigkeit steht, wenn wir es klar sähen?

a 148. Welches Urteil würde der, der immer durch eine Um-
3X1 kehrlinse gesehen hat, über oben und unten fällen?

S.Mo. 149. Nach Locke haben wir nicht Freiheit bezüglich Tugend und Laster. Er läßt die Freiheit nur zu als eine Indifferenz der Handlungsfähigkeiten, die dem Willen folgt. Aber Tugend und Laster bestehen im Willen, ergo usw.

2X1 150. Alle Linien, die zum selben Sehwinkel führen, sind

kongruent (wie durch ein einfaches Experiment evident ist), deswegen sind sie gleich.

\+ 151. Wir haben keine reinen, einfachen Vorstellungen von Blau, Rot oder irgendeiner anderen Farbe (ausgenommen vielleicht Schwarz), weil alle Körper heterogenes Licht reflektieren.

\+ 152. Frage, ob dasselbe von Tönen (und anderen Empfindungen) gilt, da es vielleicht Luftstrahlen gibt, die nur einen bestimmten Ton darstellen, wie Lichtstrahlen nur eine bestimmte Farbe.

\+ 153. Farben nicht definierbar; nicht weil sie reine, unvermischte Gedanken sind, sondern weil wir die Gedanken, die sie enthalten, nicht leicht unterscheiden und trennen können, oder weil uns Namen für die sie zusammensetzenden Vorstellungen fehlen.

\+ 154. Mit Seele ist nur eine komplexe Vorstellung gemeint, die aus Existenz, Wollen und Wahrnehmung in einem weiten Sinn besteht. Deswegen ist sie bekannt und kann definiert werden.

S 155. Wir können auf keine Weise irgendeine aktive Kraft begreifen außer dem Willen.

\+ 156. In moralischen Dingen meinen die Menschen (das ist wahr), daß sie frei sind, aber diese Freiheit ist nur die Freiheit, zu tun, was ihnen gefällt, welche Freiheit dem Willen nachfolgt und sich nur auf die Handlungsfähigkeiten bezieht.

\+ 157. Die Menschen rechnen sich ihre Handlungen selbst zu, weil sie diese gewollt haben und zwar nicht aus Unwissenheit, sondern insofern sie die Folgen derselben, ob gut oder schlecht, kannten.

\+ 158. Dies beweist nicht, daß die Menschen bezüglich des Begehrens indifferent sind.

\+ 159. Wenn unter der *potentia* von A.B. irgendetwas gemeint ist, muß es das Begehren sein. Ich frage aber jedermann, ob sein Begehren indifferent sei oder (um mehr zur Sache zu sprechen) ob er selbst in Bezug auf das, was er wünscht, bis zu der Zeit, nachdem er es gewünscht hat, indifferent sei, denn das Begehren selbst oder die Fähigkeit des Begehrens ist wie alle anderen Fähigkeiten indifferent.

\+ 160. Handlungen, die in den Himmel führen, liegen in meiner Macht, wenn ich sie will; deswegen werde ich sie wollen.

\+ 161. Frage bezüglich des Fortschreitens der Willensakte *in infinitum*.

\+ 162. Hierin liegt der Vorteil der Mathematik über Metaphysik und Ethik: Weil ihre Definitionen über Wörter gehen, die dem Lernenden noch nicht bekannt sind, gibt es keine Dispute über sie, aber die Wörter in der Metaphysik und Ethik sind meistens allen bekannt, deswegen können ihre Definitionen Gelegenheit zu Kontroversen geben.

S 163. Der kurze, dürre Weg der Mathematik ist in der Meta-
M physik und Ethik nicht gangbar, denn über mathematische Aussagen haben die Menschen keine Vorurteile, keine vorgefaßten Meinungen, denen man entgegnen müßte, da sie über solche Dinge noch nicht nachgedacht haben. In den beiden anderen genannten Wissenschaften ist es nicht so. Man muß die Wahrheit nicht nur beweisen, man muß sie auch gegen Skrupel und etablierte Meinungen, die ihr widersprechen, verteidigen. Kurz, der trockene, dornige, harte Weg genügt nicht. Man muß ausführlicher und weitschweifiger sein, sonst wird der Beweis, mag er auch noch so exakt sein, bei den meisten nicht tief dringen.

+S 164. Ausdehnung scheint aus einer Mannigfaltigkeit homogener Gedanken zu bestehen, die ohne Mischung koexistieren.

+S 165. oder eher: Sichtbare Ausdehnung scheint die Koexistenz von Farben im Geist zu sein.

S.Mo. 166. Untersuchung und Beurteilung sind Handlungen, die von den operativen Fähigkeiten abhängen, die wiederum vom Willen abhängen, der durch ein gewisses Unbehagen bestimmt ist, ergo usw. Man setze Handelndes voraus, das endlich und vollkommen indifferent ist und bezüglich des Begehrens durch keine Vorausschau oder Betrachtung über das Gute bestimmt ist; ich behaupte, dieses Handelnde kann keine moralisch gute Handlung vollbringen. Von daher ist evident, daß die Voraussetzungen von A.B. bedeutungslos sind.

\+ 167. Ausdehnung, Bewegung, Zeit, Zahl keinc einfachen Vorstellungen, schließen aber Sukzession in sich, die eine einfache Vorstellung zu sein scheint.

X 168. Denke daran, den Berührungswinkel und Fluxionen usw. zu untersuchen.

2X1 169. Die Sphäre des Sehens ist gleich, ob ich nur in meine Hand sehe oder auf das offene Firmament, denn erstens ist in beiden Fällen die Retina voll, zweitens sind die Radien beider Sphären gleich oder eher für das Sehen überhaupt nichts, drittens gibt es in der einen wie der anderen die gleiche Anzahl von Punkten.

1X1 170. Im Barrow'schen Fall würde ein Kurzsichtiger richtig urteilen.

+X1 171. Warum der Mond am Horizont größer?

+X1 172. Warum Gegenstände aufrecht gesehen?

N. 173. Zu welchem Zweck bestimmte Gestalt und Struktur mit anderen Wahrnehmungen verknüpft?

2X1 174. Die Menschen schätzen Größen sowohl durch Winkel als auch durch Entfernung. Ein Blinder könnte beim ersten Blick Entfernung nicht erkennen; oder durch bloßes Sehen, absehend von der Erfahrung der Verknüpfung von Sehen und tastbaren Vorstellungen, können wir Entfernung nicht wahrnehmen; deswegen können wir durch bloßes Sehen Ausdehnung nicht wahrnehmen oder beurteilen.

2X1 175. Frage, ob es möglich sei, unser Sehen zu erweitern, oder uns dazu zu bringen, daß wir auf einmal mehr, oder mehr Punkte, sehen, als wir durch Verkleinerung des *punctum visibile* unter 30″ sehen.

I.S. 176. Sprache, mehr als wir uns einbilden, metaphorisch. Nicht-sinnlich-wahrnehmbare Dinge und ihre Zustandsbestimmungen, Umstände usw. werden zum größten Teil durch Worte ausgedrückt, die von sinnlich wahrnehmbaren Dingen geborgt sind. Die Gründe sind einfach. Von daher vielfältige Fehler.

S 176a. Der große Fehler ist, daß wir meinen, wir hätten Vorstellungen von den Handlungen unseres Geistes. Sicher ist jene metaphorische Einkleidung ein Argument. Wir haben sie nicht.

G 177. Frage, wie kann unsere Vorstellung von Gott komplex oder zusammengesetzt sein, wenn seine Wesenheit einfach und unzusammengesetzt ist, siehe Locke B. II, § 35.

G 177a. *omnes reales rerum proprietates continentur in Deo* [Alle realen Eigenschaften sind in Gott enthalten], was meinen LeClerc usw. damit?

\+ 178. Die Unmöglichkeit, die meisten Dinge zu definieren oder klar zu behandeln, geht vielleicht ebenso aus der Fehlerhaftigkeit und Unzulänglichkeit der Sprache hervor wie aus der Dunkelheit und Verworrenheit des Denkens. Von daher kann ich vielleicht meine eigene Seele, Ausdehnung usw. klar und vollständig verstehen, ohne in der Lage zu sein, sie zu definieren.

* 179. Die Substanz Holz eine Sammlung einfacher Vorstel-
MS lungen, siehe Locke B. II, Kap. 26, § 1.

\+ 180. Denke daran, bezüglich des Sehens gerader Linien,

auf sie durch ein kreisförmiges Gitter zu blicken.

2X1 181. Frage, ob es möglich ist, daß jene sichtbaren Vorstellungen, die jetzt mit größeren Ausdehnungen verknüpft sind, mit geringeren Ausdehnungen verknüpft gewesen sein könnten, da es keine notwendige Verknüpfung zwischen jenen Gedanken zu geben scheint.

+X 182. Spiegel scheinen die Objekte nicht durch Veränderung des Sehwinkels, sondern durch Veränderung der scheinbaren Entfernung zu verkleinern oder zu vergrößern.

\+ 183. Daher Frage, ob ein Blinder denken würde, daß die Dinge durch konvexe [Spiegel] verkleinert oder durch konkave vergrößert werden.

P.N. 184. Bewegung nicht *eine* Vorstellung. Sie kann nicht auf einmal wahrgenommen werden.

M.P. 185. Denke daran, Existenz für Farben im Dunkeln, nicht denkende Personen usw. zuzulassen, aber nicht eine absolute wirkliche Existenz. Es ist klug, die Irrtümer der Menschen ohne Veränderung ihrer Sprache zu berichtigen. Dies läßt die Wahrheit unwahrnehmbar in ihre Seelen gleiten.

M.P. 185a. Farben im Dunkeln existieren wirklich, d. h. gäbe es Licht oder sobald Licht hinzukommt, werden wir sie sehen, vorausgesetzt, wir öffnen unsere Augen; und das, ob wir wollen oder nicht.

\+ 186. Wie wird die Retina durch einen Spiegel erfüllt?

\+ 187. Konvexe Spiegel haben dieselbe Wirkung wie konkave Linsen.

\+ 188. Frage, ob konkave Spiegel dieselbe Wirkung wie konvexe Linsen haben.

2X1 189. Der Grund, warum konvexe Spiegel verkleinern und konkave vergrößern, noch von keinem Autor, den ich kenne, völlig angegeben.

\+ 190. Frage, warum Objekte nicht verworren gesehen werden, wenn sie doch durch eine konvexe Linse umgekehrt gesehen werden.

\+ 191. Frage, wie eine Linse oder ein Spiegel zu machen sind, die durch Entfernungsveränderung ohne Winkelveränderung vergrößern oder verkleinern.

\+ 192. Keine andere Identität als vollkommene Gleichheit in allen Individuen außer Personen.

192a. (Wenn es keinen ins Gewicht fallenden innerlichen oder äußerlichen Unterschied gibt)

N. 193. Laß Geschmacksempfindungen, Gerüche, Angst, Scham, Witz, Tugend, Laster und alle Gedanken sich ebenso mit Ortsbewegung bewegen wie ein immaterielles Geistwesen.

\+ 194. Gemäß meiner Lehre muß die Identität endlicher Substanzen noch in etwas anderem bestehen als der fortgesetzten Existenz oder der Beziehung zu einer bestimmten Zeit und einem Ort des Existenzanfangs, da die Existenz unserer Gedanken (die verbunden alle Substanzen ausmachen) oft unterbrochen sind und verschiedene Anfänge und Enden haben.

S 194a. Frage, ob Identität der Person nicht im Willen besteht.

2X1 195. Keine notwendige Verknüpfung zwischen großem oder kleinem Sehwinkel und großer oder kleiner Ausdehnung.

2X1 196. Entfernung wird nicht wahrgenommen, Sehwinkel werden nicht wahrgenommen. Wie wird dann Ausdehnung durch Sehen wahrgenommen?

2X1 197. Scheinbare Größe einer Linie ist nicht einfach wie der Sehwinkel, sondern direkt [proportional] dem Sehwinkel und umgekehrt [proportional] der Verwirrung usw.

(d. h. den anderen Empfindungen oder dem Fehlen von Empfindung, die das Sehen in der Nähe begleiten). Daher große Irrtümer in der Angabe der Vergrößerungskraft der Linsen. Siehe Moly[neux] S. 182.

2X1 198. Linsen oder Spiegel mögen vielleicht vergrößern oder verkleinern; ohne Veränderung des Sehwinkels aber zwecklos.

2X1 199. Frage, ob ein Kurzsichtiger die Gegenstände durch
* einen konvexen Spiegel ebenso für verkleinert halten würde wie ein anderer.

\+ 200. Frage, worin besteht die Identität der Person? Nicht im aktualen Bewußtsein, denn dann bin ich nicht dieselbe Person, die ich heute vor zwölf Monaten war, sondern nur während ich an das denke, was ich damals tat. Nicht im potentiellen Bewußtsein, denn dann könnten alle Personen, soviel wir wissen, dieselbe sein.

\+ 201. Denke daran: Bericht von Mr. Deering's Tante.

\+ 202. Zwei Arten potentiellen Bewußtseins, natürlich und außernatürlich, im letzten Paragraphen nur eine, ich meine letztere.

2X1 203. Wenn unter Größe die Proportion eines Dings zu einer bestimmten tastbaren Ausdehnung, wie Zoll, Fuß usw. verstanden wird, so kann jene platterdings nicht eigentlich *per se* durch Sehen wahrgenommen werden, und bezüglich bestimmter sichtbarer Zölle, Füße usw. kann es kein solches Ding geben, das durch den bloßen Akt des Sehens von Erfahrung usw. abstrahiert worden ist.

2X1 204. Die Größe, die durch das Sehen *per se* wahrnehmbar ist, ist nur das Verhältnis, das irgendeine sichtbare Erscheinung zu den anderen zur selben Zeit gesehenen hat, oder – was dasselbe ist – das Verhältnis eines einzelnen Teils der visuellen Sphäre zum Ganzen. Beachte aber, daß wir nur durch vernünftiges Schließen wahrnehmen, daß es eher eine Kugelfläche als eine Ebene ist.

2X1 205. Jenes ist die ganze Größe, die die Bilder *per se* haben. Bloß hierdurch kann man die Ausdehnung eines Gegenstandes überhaupt nicht beurteilen, da es nichts nützt, zu wissen, daß der Gegenstand einen gewissen Teil einer Kugelfläche ausmacht, es sei denn, wir kennen auch die Größe der Kugelfläche, denn ein Punkt kann denselben Winkel wie eine Meile ausmachen und ein ebenso großes Bild auf der Retina hervorrufen, d. h. ebensoviel von der Kugel einnehmen.

2X1 206. Man beurteilt Größe durch Mattigkeit und Vitalität, durch Deutlichkeit und Verworrenheit gemeinsam mit einigen anderen Umständen, durch große und kleine Winkel. Daher ist es klar, daß die visuellen Vorstellungen, die jetzt mit Größe verknüpft sind, mit Kleinheit verknüpft gewesen sein könnten und umgekehrt, da es keinen zwingenden Grund gibt, warum ein großer Winkel, Mattigkeit und Deutlichkeit ohne Anstrengung eher für eine große Ausdehnung stehen sollten als ein großer Winkel, Vitalität und Verworrenheit.

\+ 207. Mein Ziel ist es nicht, die Metaphysik ganz nach einer allgemeinen scholastischen Weise zu bieten, sondern sie in einem gewissen Maße an die Wissenschaften anzupassen und zu zeigen, wie sie in der Optik, Geometrie usw. nützlich sein kann.

2X1 208. Frage, ob das Verhältnis von sichtbaren Größen *per se* durch Sehen wahrnehmbar ist. Dies wird mit Rücksicht auf Deutlichkeit und Verworrenheit behauptet, da der Wahrnehmungsakt beim deutlichen Sehen eines Punktes der visuellen Sphäre ebensogroß zu sein scheint wie beim verworrenen Sehen der ganzen.

\+ 209. Daran denken, meine Sprache zu korrigieren und sie philosophisch so genau wie möglich zu machen, um keine Handhabe zu bieten.

2X1 210. Könnten die Menschen ohne Anstrengung die Konvexität ihrer Augenlinsen verändern, könnten sie unter Beibehaltung desselben Sehwinkels den scheinbaren Durchmesser der Objekte vergrößern oder verkleinern.

2X1 211. Die Größe der Bilder auf dem Augenhintergrund ist in einem Sinne nicht bestimmt, denn je näher einer sie ansieht, einen um so größeren Raum werden die Abbilder derselben (ebenso wie die anderer Gegenstände) auf seinem Augenhintergrund einnehmen.

\+ 212. Denke daran, die Einleitung soll den Plan des Ganzen enthalten, die Natur und Art der Beweisführung usw.

2X1 213. Zwei Arten von Größe sind genau zu unterscheiden, sie sind völlig und *toto coelo* verschieden. Die eine das Verhältnis, das irgendeine einzelne Erscheinung zur Summe der zur selben Zeit mit ihr wahrgenommenen Erscheinungen hat. Diese ist proportional den Winkeln oder, im Falle einer Fläche, den Segmenten von Kugelflächen. Die andere ist die tastbare Größe.

2X1 214. Frage: Was würde passieren, wenn die Kugelfläche der Retina vergrößert oder verkleinert würde?

X+ 215. Wir meinen, durch den bloßen Akt des Sehens Entfernung von uns wahrzunehmen, doch das tun wir nicht; ebenso, daß wir Körper wahrnehmen, doch das tun wir nicht; ebenso die Ungleichheit von Dingen, die unter demselben Winkel gesehen werden, doch das tun wir nicht. Warum darf ich nicht hinzufügen: Wir meinen, durch bloßes Sehen Ausdehnung zu sehen, doch wir sehen sie nicht?

X+ 216. Ausdehnung scheint durch das Auge wahrgenommen zu werden wie Gedanken durch das Ohr.

X 217. Wir scheinen von großen Zahlen, z. B. 1000, auf keine andere Weise klare und deutliche Vorstellungen zu haben als dadurch, daß wir sie als durch Multiplikation kleiner Zahlen gebildet auffassen.

2X1 218. Vorausgesetzt derselbe Winkel bestimmt für zwei Personen das *minimum visibile*, dann kann ein unterschiedlicher Bau des Auges keine unterschiedliche Größenerscheinung für dasselbe Ding hervorrufen. Da es aber möglich ist, den Winkel zu überprüfen, können wir mit Sicherheit erkennen, ob dasselbe Ding für zwei Personen aufgrund ihrer Augen verschieden erscheint.

2X1 219. Wenn ein Mensch sehen könnte, daß ihm die Gegenstände größer erscheinen als einem anderen, so gäbe es eine andere Art der bloß sichtbaren Größe neben der Proportion, die eine Erscheinung zur visuellen Sphäre hat, nämlich ihre Proportion zum m.v.

1①3 220. Gäbe es nur eine und dieselbe Sprache in der Welt,
X und sprächen die Kinder sie auf natürliche Weise, sobald sie geboren sind, und stünde es nicht in der Macht der Menschen, ihre Gedanken zu verbergen oder andere zu täuschen, sondern gäbe es eine untrennbare Verknüpfung zwischen Worten und Gedanken, so daß *posito uno ponitur alterum* [gesetzt das eine, sich das andere ergibt] aufgrund der Naturgesetze. Frage: Würden die Menschen nicht meinen, sie hörten Gedanken ebenso, wie sie meinen, sie sähen (Ausdehnung) Entfernung?

\+ 221. Alle unsere Vorstellungen sind adäquat, unsere Erkenntnis der Naturgesetze ist nicht vollkommen und adäquat.

M.P. 222. Die Menschen haben recht, wenn sie urteilen, ihre einfachen Vorstellungen seien in den Dingen selbst; gewiß ist Hitze und Farbe ebensosehr außerhalb des Geistes wie Gestalt, Bewegung, Zeit usw.

223. Wir kennen viele Dinge, bei denen uns Worte fehlen, um sie auszudrücken. Aufgrund dieses Prinzips lassen sich große Dinge entdecken. Mangels seiner Beachtung haben sich verschiedene Menschen in vielfache Irrtümer verrannt: bemüht, ihre Erkenntnis durch Laute darzustellen, was ihnen nicht gelang, dachten sie, der Mangel liege in ihrer Erkenntnis, während er in Wahrheit in ihrer Sprache lag.

a 224. Frage, ob die Sehempfindungen, die aus eines Men-
3X1 schen Kopf entspringen, den Tastempfindungen ähnlicher sind, die von dort her kommen, oder denen von seinen Beinen her?

a 225. Oder ist es nur die beständige und lange Assoziation
3X1 von völlig verschiedenen Vorstellungen, die mich urteilen läßt, sie seien dieselben?

a 226. Was ich sehe, ist nur eine Mannigfaltigkeit an Farben
1X3 und Licht. Was ich fühle, ist hart oder weich, heiß oder kalt, rauh oder weich usw. Welche Ähnlichkeit haben diese Gedanken mit jenen?

13X 227. Ein in großer Farbenmannigfaltigkeit gemaltes Bild wirkt auf den Tastsinn in einer einzigen einförmigen Weise. Ich kann deswegen nicht schließen: weil ich zwei sehe, werde ich zwei fühlen, weil ich Winkel und Ungleichheiten sehe, werde ich Winkel und Ungleichheiten fühlen. Wie kann ich daher, bevor mich die Erfahrung gelehrt hat, wissen, daß die sichtbaren Beine (weil zwei) mit den tastbaren verbunden sind oder der sichtbare Kopf (weil einer) mit dem tastbaren Kopf verbunden ist?

1M 228. Alle von uns begreifbaren Dinge sind 1. Gedanken,
~~S~~ 2. Fähigkeiten, Gedanken aufzunehmen, 3. Fähigkeiten, Gedanken hervorzurufen. Nichts von alledem kann in einem trägen Ding, das keine Sinne hat, existieren.

1X2 229. Ein Gegenstand kann ohne eine Linse unter einem ebenso großen Winkel gesehen werden wie mit einer Linse. Deswegen vergrößert eine Linse die Erscheinung nicht durch den Winkel.

S 230. Absurd, daß die Menschen die Seele durch eine Vorstellung erkennen sollten, da Vorstellungen träge und ohne Gedanken sind. Von daher Malebranche widerlegt.

1X1 231. Ich sah Freude in seinen Blicken, ich sah Scham in
23 seinem Gesicht. So sehe ich Gestalt oder Entfernung.

1X2 232. Frage, warum durch eine konvexe Linse verworren gesehene Dinge nicht vergrößert erscheinen?

1X2 233. Selbst wenn wir zu dem Urteil kommen sollten, der Mond sei am Horizont weiter entfernt, warum sollten wir deswegen zu dem Urteil kommen, er sei größer? Welche Verknüpfung zwischen demselben Winkel, weiter entfernt und Größe?

N. 234. Meine Lehre greift die Wesen der Korpuskularianer an.

X 235. Vollkommene Kreise usw. existieren nicht außerhalb des Geistes (denn keiner kann so existieren, ob vollkommen oder nicht), sondern in ihm.

X 236. Man meint, Linien seien *ad inifinitum* teilbar, weil man annimmt, daß sie außerhalb existieren. Auch weil man meint, sie seien dieselben, wenn man sie mit dem bloßen Auge sieht und wenn man sie durch Vergrößerungsgläser sieht.

X 237. Diejenigen, die keine Linsen kannten, hatten keinen so rechten Vorwand für die Teilbarkeit *ad infinitum*.

X 238. Keine abstrakte Vorstellung vom Kreis usw.

\+ 239. Metaphysik kann ebenso Gewißheit erreichen wie Ethik, aber nicht ebenso auf geometrische Weise demonstriert werden, weil die Menschen in der Ethik klarer sehen und nicht so viele Vorurteile haben.

~~S~~ 240. Sichtbare Vorstellungen gelangen sehr deutlich in
3X1 den Geist, ebenso tastbare Vorstellungen. Daher wird Ausdehnung gesehen und gefühlt. Töne, Geschmäcke usw. sind verschwommener.

3X1 241. Frage: Warum wird Ausdehnung nicht durch den Geschmack in Verbindung mit dem Geruch eingeführt, da man doch sieht, daß Geschmäcke und Gerüche sehr deutliche Vorstellungen sind?

X 242. Die Ausdehnung von blauen und gelben Teilchen wird, solange sie vermischt sind und ein einförmiges Grün darstellen, nicht wahrgenommen, aber sobald sie deutlich verschiedene Empfindungen von Blau und Gelb darstellen, wird ihre Ausdehnung wahrgenommen.

~~S~~ 243. Deutliche Wahrnehmung sichtbarer Vorstellungen
3X1 nicht so vollkommen wie von tastbaren, da tastbare Vorstellungen, von denen viele gleichzeitig sind, von gleicher Lebhaftigkeit. Daher heterogene Ausdehnung.

2X1 244. Einwand: Warum vergrößert ein Nebel nicht die scheinbare Größe eines Gegenstands proportional seiner Mattigkeit?

\+ 245. Denke daran, zu forschen bezüglich der Quadratur des Kreises usw.

a 246. Das, was dem Tasten glatt und rund erscheint, kann
3X1 dem Sehen ganz anders erscheinen. Daher keine notwendige Verknüpfung zwischen sichtbaren und tastbaren Vorstellungen.

X 247. In der Geometrie ist es nicht bewiesen, daß ein Zoll *ad infinitum* teilbar ist.

X 248. Die Geometrie handelt nicht von unseren vollständigen, bestimmten Vorstellungen von Gestalten, denn diese sind nicht *ad infinitum* teilbar.

~~S~~ 249. Einzelne Kreise können quadriert werden, denn bei
X gegebenem Umfang kann ein Durchmesser gefunden werden, zwischen dem und dem wahren es keinen wahrnehmbaren Unterschied gibt. Deswegen gibt es keinen Unterschied, da Ausdehnung eine Wahrnehmung ist und eine nicht wahrgenommene Wahrnehmung ein Widerspruch, Unsinn, nichts ist. Es ist vergeblich, anzuführen, der Unterschied könne durch Vergrößerungsgläser gesehen werden, denn in diesem Falle gibt es (das ist wahr) einen wahrgenommenen Unterschied, aber nicht zwischen denselben

Vorstellungen, sondern zwischen anderen, viel größeren, davon völlig verschiedenen.

X 250. Jeder sichtbare Kreis, der von irgendeinem Menschen möglicherweise wahrgenommen werden kann, kann auf die gewöhnliche Weise äußerst genau quadriert werden, sogar auch dann, wenn er für irgendein anderes Wesen wahrnehmbar ist, sieht es auch noch so genau, d. h. einen noch so kleinen Bogen eines Kreises, da es dieses ist, was den Unterschied zwischen genauem und trübem Sehen ausmacht, und nicht das m. v., wie die Menschen vielleicht zu denken geneigt sind.

X 251. Dasselbe gilt von jedem tastbaren Kreis. Deswegen ist die weitere Erforschung der Genauigkeit beim Quadrieren oder anderen Behandlung von Kurven vollkommen unnötig und vertane Zeit.

X 252. Denke daran, Nachdruck auf das zu legen, was im Alltäglichen letztlich eher den Vorrang hat, und wieder daran zu denken.

X 253. Eine bloße Linie oder Entfernung ist nicht aus Punkten aufgebaut, existiert nicht, kann nicht anschaulich vorgestellt werden oder eine daraus gebildete Vorstellung besitzen; ebensowenig wie bloße Farbe ohne Ausdehnung.

XS 254. Denke daran: ein großer Unterschied, an Länge ohne Breite zu denken [considering] und eine Vorstellung von Länge ohne Breite zu haben oder sie anschaulich vorzustellen [imagining].

\+ 255. Malebranche irrt bezüglich der Verkleinerung durch Linsen. L. I, c. 6.

1X2 256. Es ist möglich (und vielleicht nicht sehr unwahrscheinlich, daß es manchmal so ist), daß wir die größten Bilder von den kleinsten Gegenständen haben. Deswegen keine notwendige Verknüpfung zwischen sichtbaren und tastbaren Vorstellungen. Jene Vorstellungen, die nämlich ein großes Verhältnis zur *sphaera visualis* [visuelle Sphäre] oder zum m.v. (welches alles ist, was ich damit meine, daß wir ein größeres Bild haben) und Mattigkeit besitzen, können möglicherweise für kleine tastbare Ausdehnungen gestanden oder sie bezeichnet haben. Sicherlich führt das größere Verhältnis zu s.v. und m.v. häufig dazu, daß die Menschen kleine Gegenstände nahe am Auge ansehen.

12X 257. Malebranche irrt mit der Behauptung, wir könnten unmöglich wissen, ob es in der Welt zwei Menschen gibt, die ein Ding in derselben Größe sehen. Siehe L. I, c. 6.

X 258. Diagonale eines einzelnen Quadrats kommensurabel mit seiner Seite, da sie beide eine bestimmte Anzahl von m.v. enthalten.

X 259. Ich meine nicht, daß Flächen aus Linien, d. h. bloßen Entfernungen bestehen. Von hier aus kann vielleicht jenes Sophisma gelöst werden, das beweisen würde, daß die schräge Linie zwischen zwei Parallelen gleich der Senkrechten ist.

X 260. Angenommen, ein Zoll stelle eine Meile dar. 1/1000
⊕ eines Zolls ist nichts, aber 1/1000 der dargestellten Meile ist etwas. Deswegen darf 1/1000 eines Zolls, obwohl nichts, nicht vernachlässigt werden, weil es etwas, d. h. 1/1000 einer Meile darstellt.

X 261. Einzelne bestimmte Linien sind nicht *ad infinitum* teilbar, aber Linien, wie sie in der Geometrie gebraucht werden, sind es, da sie nicht durch eine spezielle endliche Anzahl von Punkten bestimmt sind. Aber einer, der Geometrie betreibt, wird sehr leicht – er weiß nicht warum – behaupten, er könne beweisen, daß eine Linie von einem Zoll *ad infinitum* teilbar sei.

1X3 262. Ein Körper, der sich in der Sehachse bewegt, bloß durch Sehen und ohne Erfahrung nicht als bewegt wahrgenommen. Es gibt – das ist wahr – einen sukzessiven Wechsel der Vorstellungen, er erscheint kleiner und kleiner, aber außer diesem gibt es keinen sichtbaren Ortswechsel.

X 263. Denke daran, äußerst sorgfältig über die Inkommensurabilität von Diagonale und Seite zu forschen, ob sie sich nicht auf die Voraussetzung stützt, daß die Einheit *ad infinitum* teilbar sei, d. h. daß das in Erwägung gezogene ausgedehnte Ding *ad infinitum* teilbar sei (daß eine Einheit nichts sei, siehe auch Barrow „Lect. Geom."), und so die daraus abgeleitete unendliche Teilbarkeit eine *petitio principii* ist.

X 264. Die Diagonale ist kommensurabel mit der Seite.

M 265. Nach Malebranche, Locke und meinen ersten Erörte-
P rungen kann nicht bewiesen werden, daß Ausdehnung nicht in der Materie liegt. Nach Lockes Erörterungen kann nicht bewiesen werden, daß Farben nicht in Körpern liegen.

266. Denke daran, daß ich mit acht Jahren mißtrauisch und folglich von Natur aus für jene neuen Lehren bereit war.

X 267. Frage: Wie kann eine Linie, die aus einer ungeraden Anzahl von Punkten besteht, (*ad infinitum*) in zwei gleiche Teile geteilt werden?

1X 268. Denke daran, ausführlich zu diskutieren, wie und
2 warum wir die Bilder [auf der Retina] nicht sehen.

M. 269. Wenn wir zulassen, daß Ausdehnungen in der Materie
P. existieren, können wir nicht einmal ihre Proportionen kennen; im Gegensatz zu Malebranche.

1M 270. Ich wundere mich, wie die Menschen eine so offen-
~~S~~ sichtliche Wahrheit nicht sehen können wie die, daß Ausdehnung nicht ohne eine denkende Substanz existieren kann.

M 271. Die Arten aller sinnlich wahrnehmbaren Dinge vom Geist erzeugt. Dieses dadurch bewiesen, daß man die Augen der Menschen entweder zu Vergrößerern oder zu Verkleinerern macht.

1X2 272. Vorausgesetzt, dein m.v. sei kleiner als meines. Eine dritte Person möge vollkommene Vorstellungen von unseren beiden m.v.s haben. Ihre Vorstellung von meinem m.v. enthält ihre Vorstellung von deinem und etwas mehr, deswegen ist sie aus Teilen zusammengesetzt. Deswegen ist ihre Vorstellung von meinem m.v. nicht vollkommen oder richtig, was die Hypothese vernichtet.

2X1 273. Frage, ob ein m.v. oder [m.] t. ausgedehnt sei.

1X2 274. Denke an die befremdlichen Irrtümer bezüglich der Bilder [auf der Retina], in die sich die Menschen verrennen.

1X2 275. Wir halten sie für klein, weil unter der Voraussetzung, daß ein Mensch sie sähe, ihre Bilder nur wenig Raum auf seinem Augenhintergrund einnehmen würden.

X 276. Es scheint, daß nicht alle Linien in zwei gleiche Teile geteilt werden können. Denke daran, zu prüfen, wie in der Geometrie das Gegenteil bewiesen wird.

X12 277. Es kann unmöglich ein kleineres m.v. als meines geben. Wenn es eines gäbe, könnte meines (weil sie von gleicher Art sind) durch Subtraktion eines gewissen Teils oder von Teilen jenem gleich werden, aber es besteht nicht aus Teilen. Also usw.

a 278. Angenommen, eine Umkehrbrille wird an den Augen
1X3 eines Kindes angebracht und dieses fortgesetzt bis in das Mannesalter. Wenn er aufwärts blickt, oder seinen Kopf nach oben dreht, soll er das erblicken, was wir „unten“ nennen. Frage: Was würde er von aufwärts und abwärts denken?

1M 279. Ich wundere mich nicht über meinen Scharfsinn bei
~~S~~ der Entdeckung der offensichtlichen, wenn auch verblüffenden Wahrheit, ich wundere mich eher über meine blöde Unachtsamkeit, so daß ich sie nicht früher gefunden habe.

1M 280. Es ist keine Zauberei, zu sehen, daß unsere einfachen

Vorstellungen ebenso viele einfache Gedanken oder Wahrnehmungen sind, und daß eine Wahrnehmung nicht ohne ein Ding existieren kann, das es wahrnimmt, oder länger als es wahrgenommen wird; daß ein Gedanke nicht in einem nichtdenkenden Ding sein kann; daß ein einziger, einförmiger, einfacher Gedanke zu nichts anderem ähnlich sein kann als zu einem anderen einförmigen, einfachen Gedanken. Komplexe Gedanken oder Vorstellungen sind nur eine Ansammlung von einfachen Vorstellungen und können von nichts anderem das Bild sein und zu nichts anderem ähnlich sein als zu einer anderen Ansammlung von einfachen Vorstellungen; usw.

M 281. Die kartesianische Meinung über Licht und Farben usw. ist sogar in den Augen derer orthodox genug, die meinen, der Wortlaut der Bibel unterstütze die gewöhnliche Meinung. Warum nicht auch meine? Gibt es doch in der Bibel nichts, das möglicherweise gegen mich gewendet werden könnte, aber vielleicht viele Dinge für mich.

\+ 282. Körper usw. existieren, ob wir an sie denken oder
S nicht, da sie in zweifacher Bedeutung aufgefaßt werden: Ansammlungen von Gedanken und Ansammlungen von Fähigkeiten, um jene Gedanken zu verursachen. Diese letzteren existieren, obwohl es vielleicht *a parte rei* [auf Seite des Dings] eine einzige einfache vollkommene Fähigkeit sein mag.

①1X2 283. Frage, ob die Ausdehnung einer Ebene, gerade und schräg gesehen, genau und deutlich oder im großen ganzen und undeutlich betrachtet, dieselbe sei. N.B. Es wird vorausgesetzt, daß die Ebene in derselben Entfernung bleibt.

①1X2 284. Die Vorstellungen, die wir von einer sukzessiven, sorgfältigen Betrachtung der kleinen Teile einer Ebene haben, scheinen nicht die Ausdehnung der im ganzen gesehenen und betrachteten Ebene auszumachen.

\+ 285. Eine gewisse Art von Unkenntnis ist bei einer Person notwendig, wenn sie das Prinzip entdecken soll.

\+ 286. Gedanken, bei denen der Geist aktiv ist, bezeichnen am passendsten die inneren Operationen des Geistes oder werden meistens für diese gehalten. Jene, die nicht den Akten des Wollens gehorchen und bei denen der Geist passiv ist, werden passender Empfindungen oder Wahrnehmungen genannt. Aber das ist alles *eine* Angelegenheit.

X 287. Da Ausdehnung die Ansammlung oder deutliche Ko-
~~S~~ existenz von Minima ist, d. h. von Wahrnehmungen, die durch Sehen oder Tasten eingeführt werden, kann sie nicht ohne eine wahrnehmende Substanz aufgefaßt werden.

P 288. Malebranche beweist nicht, daß die Gestalten und Ausdehnungen nicht existieren, wenn sie nicht wahrgenommen werden. Folglich beweist er nicht, noch kann es aufgrund seiner Prinzipien bewiesen werden, daß die Arten das Werk des Geistes und nur im Geist sind.

M.P.1 288a. Das große Argument, um zu beweisen, daß Ausdehnung nicht in einer nichtdenkenden Substanz sein kann, ist, daß sie nicht als von jeder tastbaren oder sichtbaren Qualität verschieden oder ohne solche aufgefaßt werden kann.

M1 289. Selbst wenn Materie mit einer indefiniten Ausdehnung ausgedehnt wäre, so bildet doch der Geist die Arten, sie waren nicht vor dem Geist, der sie wahrnimmt, und sie sind sogar jetzt nicht ohne den Geist. Häuser, Bäume usw. sind, selbst wenn eine indefinit ausgedehnte Materie existiert, nicht ohne den Geist.

M 290. Die große Gefahr, Ausdehnung zu etwas zu machen,
~~S~~ das ohne den Geist existiert, darin: wenn sie es ist, muß sie als unendlich, unveränderlich, ewig usw. anerkannt werden, was entweder bedeutet, Gott ausgedehnt zu machen (was ich für gefährlich halte) oder ein ewiges, unveränderliches, unendliches, ungeschaffenes Wesen neben Gott.

M1 291. Das Prinzip leicht bewiesen durch eine Fülle von Ar-
~~S~~ gumenten *ad absurdum*.

1X 292. Endlichkeit unseres Geistes keine Entschuldigung für die Geometrietreibenden.

\+ 293. Die zweifache Bedeutung von Körpern, nämlich Verbindungen von Gedanken und Verbindungen von Fähigkeiten, Gedanken hervorzurufen. Jene, behaupte ich, können in Verknüpfung mit homogenen Teilchen die Einwände gegen die Schöpfung viel besser lösen als die Annahme, daß Materie existiert, bei welcher Annahme sie, wie ich meine, nicht gelöst werden können.

\+ 293a. Körper, genommen als Fähigkeiten, existieren, wenn sie nicht wahrgenommen werden, aber diese Existenz ist nicht aktual. Wenn ich behaupte, eine Fähigkeit existiert, so ist nicht mehr gemeint als: Wenn ich bei Licht meine Augen öffne und in dieser Richtung sehe, werde ich ihn sehen, d. h. den Körper usw.

\+ 294. Frage, ob ein Blinder noch vor dem Sehen nicht eine Vorstellung von Licht, Farben und sichtbarer Ausdehnung haben kann von derselben Art, wie wir sie mit geschlossenen Augen oder im Dunklen wahrnehmen, indem wir sie nicht nur uns einbilden, sondern sie auf eine gewisse Weise sehen.

X13 295. Sichtbare Ausdehnung kann nicht aufgefaßt werden als zur tastbaren Ausdehnung hinzugefügt. Sichtbare und tastbare Punkte können nicht eine Summe bilden. Deswegen sind jene Ausdehnungen heterogen.

1X1 296. Eine annehmbare Methode vorgeschlagen, durch die man beurteilen kann, ob beim nahen Sehen die Entfernung zwischen der Linse und dem Augenhintergrund eine größere als gewöhnlich ist oder ob die Linse nur zu einer stärker konvexen gemacht worden ist. Wenn das erste, dann ist die s.v. vergrößert und das m.v. entspricht weniger als 30″ oder, wieviel ihm auch sonst zu entsprechen pflegte.

12X 296a. Kleine Ausdehnung durch Deutlichkeit groß gemacht.

1X3 297. Festgesetzte Maße, Zölle, Füße usw. sind tastbare, nicht sichtbare Ausdehnungen.

M 298. Locke, More, Raphson usw. scheinen Gott ausgedehnt zu machen. Es ist jedoch von großem Nutzen für die Religion, Ausdehnung aus unserer Vorstellung von Gott herauszunehmen und an ihre Stelle eine Fähigkeit zu setzen. Es scheint gefährlich, Ausdehnung, die offenkundig träge ist, in Gott anzunehmen.

M 299. Aber, sagst du, der Gedanke oder die Wahrnehmung,
~~S~~ die ich Ausdehnung nenne, ist nicht selbst in einem nichtdenkenden Ding oder der Materie, sondern ist etwas ähnlich, was in der Materie ist. Gut, sage ich, verstehst oder begreifst du das, von dem du sagst, daß es zur Ausdehnung ähnlich ist, oder nicht? Wenn das letztere, wie kannst du wissen, daß sie ähnlich sind, wie kannst du irgendetwas außer deinen eigenen Vorstellungen vergleichen? Wenn das erstere, muß es eine Vorstellung sein, d. h. Wahrnehmung, Gedanke oder Empfindung, für die es ein Widerspruch ist, in einem nicht-wahrnehmenden Ding zu sein.

I. 300. Ich enthalte mich aller verschnörkelten und pompösen Worte und Bilder, gebrauche einen sehr klaren und einfachen Stil, weil ich es oft schwierig fand, jene zu verstehen, die sich der erhabenen und platonischen oder subtilen und scholastischen Art und Weise bedienen.

M1 301. Was auch immer irgendeine unserer Vorstellungen in
~~S~~ sich hat, muß wahrnehmen, da es gerade dieses Haben, diese passive Aufnahme von Vorstellungen ist, die den wahrnehmenden Geist auszeichnet, denn dieses ist gerade das Wesen der Wahrnehmung oder das, worin Wahrnehmung besteht.

1X2 302. Die Mattigkeit, die die Erscheinung des Mondes am Horizont verändert, kommt eher von der Quantität oder Dicke der dazwischen liegenden Atmosphäre her als von einem Wechsel der Entfernung, der vielleicht nicht beträchtlich genug ist, um eine Gesamtursache zu sein, aber er mag eine Teilursache des Phänomens sein. N.B. der Sehwinkel ist am Horizont kleiner.

1X 302a. Wir beurteilen die Entfernung von Körpern wie durch andere Dinge so auch durch die Lage ihrer Bilder in dem Auge oder (was dasselbe ist) je nach dem, ob sie höher oder niedriger erscheinen. Jene, die höher scheinen, sind weiter weg usw.

12X 303. Frage: Warum sehen wir Gegenstände in der Dämmerung größer? Ob dieses durch irgendwelche anderen Prinzipien als meine gelöst werden kann?

M 304. Die Umkehrung des Prinzips führte zum Skeptizismus.

M 305. N.B. Aufgrund meiner Prinzipien gibt es eine Realität, gibt es Dinge, gibt es eine *rerum natura* [Natur der Dinge].

X 306. Denke daran: Die irrationalen Zahlen, Würfelverdopplung usw.

a 307. Wir meinen, wenn wir gerade erst zum Sehen gebracht
X13 wären, würden wir über die Entfernung und Größe von Dingen genau so urteilen, wie wir es jetzt tun. Das ist aber falsch. So auch, was wir über die Lage von Gegenständen so sicher meinen.

X 308. Die Methode von Hayes, Keill u.a. zum Beweis der Infinitesimalien der dritten Ordnung ist absurd und vollkommen widersprüchlich.

X 309. Berührungswinkel und sicherlich alle Winkel, die von einer geraden und einer gebogenen Linie umfaßt werden, können nicht gemessen werden, weil die eingeschlossenen Bogen nicht ähnlich sind.

S+ 310. Die Gefahr, die heilige Dreifaltigkeit mit Hilfe von Ausdehnung auszulegen.

M.P.1 311. Frage: Warum sollte die aus einer geringen Entfernung gesehene Größe eher für die wahre Größe gehalten werden als die aus einer größeren Entfernung? Warum sollte man den Durchmesser der Sonne eher für viele tausend Meilen halten als für einen Fuß, da beide in gleicher Weise scheinbare Durchmesser sind? Sicherlich haben die Menschen nicht die Sonne an sich selbst beurteilt, sondern nach ihrer Beziehung zu ihnen.

M 312. Vier Prinzipien zur Beantwortung von Einwänden, nämlich

1) Körper existieren wirklich, selbst wenn sie nicht von uns wahrgenommen werden.
2) Es gibt ein Gesetz und einen Lauf der Natur.
3) Sprache und Erkenntnis gehen immer über Vorstellungen, Wörter stehen für nichts anderes.
4) Nichts kann ein Beweis gegen eine Seite eines Widerspruches sein, das ebenso schwer auf der anderen Seite wiegt.

~~S~~X 313. Was soll ich sagen? Darf ich es wagen, die bewunderte ἀκριβεια mathematica [mathematische Genauigkeit], jenen Liebling des Jahrhunderts für eine Lapalie zu erklären?

X 314. Äußerst sicher, keine endliche Ausdehnung *ad infinitum* teilbar.

X 315. Denke daran: Schwierigkeiten mit konzentrischen Kreisen.

N. 316. Denke daran, das Scholion der achten Definition in Newtons *Principia* zu prüfen und genau zu diskutieren.

X~~S~~ 317. Lächerlich bei den Mathematikern, die Sinne zu verachten.

\+ 318. Frage: Ist es nicht unmöglich, daß es allgemeine Vorstellungen geben sollte? Alle Vorstellungen kommen von außen, alle sind besondere. Der Geist, das ist wahr, kann ein Ding ohne ein anderes betrachten, aber dann bilden die so gesondert betrachteten nicht zwei Vorstellungen.

Beide können zusammen nur eine bilden, wie z. B. Farbe und sichtbare Ausdehnung.

X 319. Das Ende einer mathematischen Linie ist nichts. Aus Lockes Argument, daß das Ende seiner Feder schwarz oder weiß sei, läßt sich hier nichts folgern.

X 320. Denke daran: Gib acht, wie du Ausdehnung zu definieren beanspruchst, wegen der Furcht vor den Geometrietreibenden.

X 321. Frage: Warum ist es schwierig, sich ein Minimum anschaulich vorzustellen. Antwort: Weil wir nicht gewohnt sind, auf sie einzeln zu achten, da sie nicht einzeln in der Lage sind, uns Lust oder Schmerz zuzufügen, um dadurch unsere Beachtung zu verdienen.

X 322. Denke daran, gegen Keill zu beweisen, daß die unendliche Teilbarkeit der Materie zur Folge hat, daß die Hälfte eine ebenso große Anzahl von ebenso großen Teilen wie das Ganze hat.

X 323. Denke daran, zu prüfen, wie weit das Nichtbegreifen der Unendlichkeit als eine Ausrede zugelassen werden kann.

X 324. Frage: Warum können die Mathematiker nicht alle Ausdehnungen unterhalb des m. ebenso verwerfen wie die dd usw., denen man zugesteht, etwas zu sein, und die folglich durch Linsen vergrößert werden können zu Zöllen, Füßen usw. ebenso wie die Quantitäten unmittelbar unterhalb des m.?

S+ 325. Groß, Klein und Zahl sind die Werke des Geistes. Wie kann dann die Ausdehnung, von der du annimmst, sie sei in der Materie, groß oder klein sein? Wie kann sie aus irgendeiner Anzahl von Punkten bestehen?

P. 326. Denke daran: streng zu beachten L. B. 2, Kap. 8, § 8.

\+ 327. Scholastiker verglichen mit den Mathematikern.

X 328. Ausdehnung ist mit tastbaren oder sichtbaren Vorstellungen vermischt und durch den Geist davon abgetrennt.

X 329. Mathematik leicht gemacht. Der Maßstab macht fast alles. Der Maßstab kann uns sagen, daß die Subtangente bei der Parabel das Doppelte der Abszisse ist.

X 330. Wozu benötigt man die äußerste Genauigkeit, wenn die Mathematiker zugeben, daß sie *in rerum natura* [in der Natur der Dinge] nichts finden können, was ihren hübschen Vorstellungen entspricht?

X 331. Newton in einer jämmerlichen Lage bezüglich seines *Cave intellexeris finitas* [hüte dich, sie als endliche zu verstehen].

X 332. Man sollte sich bemühen, eine Progression zu finden, indem man es mit dem Maßstab versucht.

X 333. Newtons Fluxionen unnötig. Jedes Ding unterhalb eines m. könnte für den Differentialkalkül von Leibniz dienen.

X 334. Wie kann sie so gut zusammenhängen, während es in ihr (ich meine die Mathematik) so viele *contradictoriae argutiae* [widersprüchliche Spitzfindigkeiten] gibt, s. Barrow „Lect".

X 335. Man kann ein Buch über Kegelschnitte lesen mit geringem Verständnis dafür, wie man prüft, ob sie richtig sind. Man kann sie aufgrund der Glaubwürdigkeit des Autors hinnehmen.

X 336. Worin liegt die Notwendigkeit für die Sicherheit in solchen Lappalien? Daß wir sie in diesen so sehr schätzen, kommt daher, daß wir meinen, sie sonst nirgends erlangen zu können. Doch wir können es in Ethik und Metaphysik.

X 337. Es ist kein Argument für die Wahrheit der Infinitesimalien, daß sie die Menschen zu keinen Irrtümern verleiten. Da sie nichts sind, können sie wohl weder zu Gutem noch Schlechtem führen, ausgenommen, sie werden für etwas gehalten, und dann erzeugt der Widerspruch einen Widerspruch.

X 338. a + 500 Nichtse = a + 50 Nichtse —— eine unschuldige, törichte Wahrheit.

M 339. Meine Lehre entspricht ausgezeichnet der Schöpfung. Ich setze keine Materie, keine Sterne, Sonne usw. voraus, die vorher existiert haben.

X 340. Es scheint, nicht alle Kreise sind ähnliche Figuren, weil nicht immer dasselbe Verhältnis zwischen den Umfängen und ihren Durchmessern besteht.

X 341. Wenn eine kleine Linie auf dem Papier eine Meile repräsentiert, rechnen die Mathematiker nicht mit dem zehntausendsten Teil der Papierlinie. Sie rechnen mit dem zehntausendsten Teil der Meile. Dieser ist es, den sie betrachten; an ihn denken sie, wenn sie überhaupt denken oder eine Vorstellung haben. Der Zoll kann vielleicht für ihre Einbildungskraft die Meile repräsentieren, aber der zehntausendste Teil des Zolls kann nicht dazu verwendet werden, irgendetwas zu repräsentieren, da er nicht anschaulich vorgestellt werden kann.

X 341a. Doch da der zehntausendste Teil einer Meile irgendetwas ist, meinen sie, der zehntausendste Teil des Zolls sei irgendetwas. Wenn sie an jenen denken, bilden sie sich ein, über diesen nachzudenken.

X 342. In den Argumenten der Mathematiker für die Teilbarkeit *ad infinitum* kommen drei Fehler vor:

1) Sie nehmen an, Ausdehnung existiere ohne den Geist oder nicht wahrgenommen.
2) Sie nehmen an, daß wir eine Vorstellung von Länge ohne Breite haben, *oder daß Länge ohne Breite existiert.

3) Daß eine Einheit *ad infinitum* teilbar ist.

X* 342a. oder besser, daß unsichtbare Länge existiert.

X 343. Ein m.s. als teilbar anzunehmen, ist dasselbe wie die Behauptung, es gäbe unterscheidbare Vorstellungen, wo es keine unterscheidbaren Vorstellungen gibt.

X 344. Das m.s. ist nicht annähernd so unbegreiflich wie jenes *signum in magnitudine individuum* [teillose Zeichen an einer Größe].

X 345. Bedenke, die Mathematiker über ihren Punkt zu befragen, was er sei, etwas oder nichts, und wie er sich vom m.s. unterscheide.

X 346. Alles könnte durch eine neue Indivisibilienmethode bewiesen werden, die vielleicht leichter und richtiger ist als die von Cavalieri.

M.P.1 347. Nichtwahrnehmbare Wahrnehmung ein Widerspruch.

G 348. *Proprietates reales rerum omnium in Deo tam corporum quam spirituum continentur.* [Die wirklichen Eigenschaften aller Dinge, sowohl der Körper als auch der Geister, sind in Gott enthalten.] Clerici „Log." Kap. 8m.

\+ 349. Mögen meine Gegner jeden meiner [Einwände] beantworten, so werde ich aufgeben. Wenn ich nicht jeden von ihren beantworte, werde ich aufgeben.

\+ 350. Der Verlust der Entschuldigung kann der Transsubstantiation schaden, aber nicht der Trinität.

350a. Mit der „Entschuldigung" ist die Endlichkeit unseres Geistes gemeint, die es möglich macht, daß uns Widersprüche wahr erscheinen.

X 351. Wir brauchen unsere Einbildungskraft nicht anzustrengen, um so kleine Dinge zu begreifen. Größere können sich ebensogut als Infinitesimalien eignen, da die ganze Zahl ein Unendliches sein muß.

X 352. Evident, daß, was eine unendliche Anzahl von Teilen hat, unendlich sein muß.

X 353. Frage, ob Ausdehnung in Punkte auflösbar sei, aus denen sie nicht besteht?

X 354. Axiom: Keine Schlußfolgerung über Dinge, von denen wir keine Vorstellung haben. Deswegen keine Schlußfolgerung über Infinitesimalien.

X 354a. Es kann auch nicht eingewandt werden, daß wir über Zahlen Schlußfolgerungen ziehen, die nur Wörter und keine Vorstellungen sind, denn jene Infinitesimalien sind Wörter ohne einen Nutzen, wenn man nicht annimmt, daß sie für Vorstellungen stehen.

X 355. Viel weniger Infinitesimalien von Infinitesimalien usw.

\+ 356. Axiom: Kein Wort werde ohne eine Vorstellung verwendet.

S 357. Falls Unbehagen notwendig ist, um den Willen ins Werk zu setzen, Frage: Wie werden wir im Himmel wollen?

\+ 358. Malebranches und Bayles Argumente scheinen nicht gegen den Raum, sondern nur gegen die Körper zu beweisen.

M.P.1 359. Unsere Augen und Sinne informieren uns nicht über die Existenz der Materie oder Vorstellungen, die ohne den Geist existieren. Ihnen ist für den Irrtum kein Vorwurf zu machen.

X 360. Ich fordere jeden auf, eine gerade Linie anzugeben, die einer parabolischen gleich ist, die aber, wenn man sie durch ein Mikroskop betrachtet, ungleich erscheinen dürfen.

M 361. Newtons Wortschwall läuft auf nicht mehr hinaus, als daß Schwere proportional zu Schwere ist.

X 362. Man kann sich kein ausgedehntes Ding ohne Farbe anschaulich vorstellen. Siehe Barrow „L.G."

M 362a. Frage, ob ich besser zugelassen hätte, daß Farben
P ohne den Geist existieren, da ich den Geist als das aktive Ding nehme, das ich „Ich", „Selbst" nenne. Dieses scheint vom Verstand verschieden zu sein.

P. 363. Die Menschen geben zu, daß Farben, Töne usw. nicht ohne den Geist existieren, obwohl sie keinen Beweis haben, daß sie es nicht tun. Warum können sie nicht mein Prinzip samt einem Beweis zugeben?

P. 363a. Die Annahme, Ausdehnung sei verschieden von allen anderen tastbaren und sichtbaren Qualitäten und mache durch sich selbst eine Vorstellung aus, hat die Menschen zur Annahme gebracht, sie sei ohne den Geist.

X 364. Keills Ausfüllung der Welt mit Winzigkeiten. Das
M folgt aus der Teilbarkeit der Ausdehnung *ad infinitum*.

+* 365. Ausdehnung oder Länge ohne Breite scheint nichts zu sein außer der Anzahl von Punkten, die zwischen zwei beliebigen Punkten liegen. Sie scheint in einer bloßen Proportion, einer bloßen Bezugnahme des Geistes zu bestehen.

X* 365a. Ausdehnung ohne Breite, d. h. unsichtbare, untastbare Länge ist nicht begreifbar. Es ist ein Irrtum, zu dem wir durch die Abstraktionslehre verführt werden.

\+ 366. Welchen Zweck hat es, die Linsenbrennpunkte geo-
X metrisch zu bestimmen?

M 367. Zahllose Gefäße, falls Materie. Siehe Cheyne.

\+ 368. Ich werde die Mathematiker nicht bewundern. Es ist das, was jeder mit gesundem Menschenverstand durch wiederholte Bemühungen erreichen kann. Ich weiß es aus Erfahrung, ich bin nur einer mit gesundem Menschenverstand, und ich usw.

\+ 369. Mit „Ding“ meine ich entweder Vorstellungen oder das, was Vorstellungen hat.

+‡ 370. *Nullum praeclarum ingenium unquam fuit magnus mathematicus* [Kein hervorragender Geist ist jemals ein großer Mathematiker gewesen.] Scaliger.

\+ 371. Ein großer Geist kann sich nicht zu solchen Lappalien und Winzigkeiten herablassen, wie sie sie betrachten.

\+ 372. Außer bei Newton finde ich bei keinem von ihnen Geist. Die anderen sind bloß oberflächlich, bloße „Nihilarianer“.

X 373. Die Torheit der Mathematiker darin, daß sie nicht über sinnliche Empfindungen mit Hilfe ihrer Sinne urteilen. Vernunft wurde uns für vornehmere Zwecke gegeben.

X 374. Sir Isaac gibt zu, sein Buch hätte aufgrund der Annahme von Indivisibilien bewiesen werden können.

\+ 375. Einige von den Mathematikern haben gute Seiten, die meisten sind ein Jammer. Wären sie nicht Mathematiker gewesen, hätten sie zu nichts getaugt. Sie waren solche Toren, daß sie nicht wußten, wie ihre [guten] Seiten zu gebrauchen seien.

X‡ 376. Die Mathematiker konnten nicht einmal so viel, daß sie sagen konnten, worin Wahrheit und Sicherheit besteht, bis Locke es ihnen sagte. Ich sehe die besten unter ihnen von Licht und Farben sprechen, als ob diese ohne den Geist wären.

M.1 377. Eine Vorstellung kann nicht unwahrgenommen existieren.

+ 378.

1 Alle bedeutungsvollen Wörter stehen für Vorstellungen.

2 Alle Erkenntnis über unsere Vorstellungen.

+ 3 Alle Vorstellungen kommen von außen oder von innen.

4 Wenn von außen, muß es durch die Sinne sein, und sie werden sinnliche Empfindungen genannt.

+ 5 Wenn von innen, sind sie Operationen des Geistes und werden Gedanken genannt.

6 Keine sinnliche Empfindung kann in einem empfindungslosen Ding sein.

7 Kein Gedanke kann in einem nichtdenkenden Ding sein.

+ 8 Alle unsere Vorstellungen sind entweder sinnliche Empfindungen oder Gedanken nach 3, 4, 5.

9 Keine unserer Vorstellungen kann in einem Ding sein, das sowohl nichtdenkend als auch empfindungslos ist. 6, 7, 8.

10 Das bloß passive Aufnehmen oder Haben von Vorstellungen wird Wahrnehmung genannt.

11 Was auch immer eine Vorstellung hat, selbst wenn es noch so passiv ist, selbst wenn es keinerlei Handlung irgendwo ausübt, so muß es doch wahrnehmen. 10.

12 Alle Vorstellungen sind entweder einfache Vorstellungen oder aus einfachen Vorstellungen zusammengesetzt.

+ 13 Das Ding, das einem anderen Ding ähnlich ist, muß mit ihm in einer oder mehreren Vorstellungen übereinstimmen.

+ 14 Was auch immer einer einfachen Vorstellung ähnlich ist, muß entweder eine andere einfache Vorstellung derselben Art sein oder eine einfache Vorstellung derselben Art enthalten. 13.

15 Nichts von dem, was einer Vorstellung ähnlich ist, kann in einem nichtwahrnehmenden Ding sein. 15, 14.

Ein anderer Beweis derselben Sache.

16 Zwei Dinge können nicht ähnlich oder unähnlich heißen, bis sie miteinander verglichen worden sind.

17 Vergleichen ist das Zusammen-Betrachten zweier Vorstellungen und die Markierung dessen, worin sie

übereinstimmen und worin sie nicht übereinstimmen.
18 Der Geist kann nichts als seine eigenen Vorstellungen vergleichen. 17.
19 Nichts von dem, was einer Vorstellung ähnlich ist, kann in einem nichtwahrnehmenden Ding sein. 11, 16, 18.

378a. Diese Argumente müssen in der Abhandlung kürzer und stärker gesondert vorgelegt werden.

379. N.B. Zahllose andere Argumente, sowohl *a priori* und *a posteriori* aus allen Wissenschaften, aus den klarsten, einfachsten, offensichtlichsten Wahrheiten gezogen, um dadurch das Prinzip zu beweisen, d. h. daß weder unsere Vorstellungen noch irgendetwas unseren Vorstellungen Ähnliches möglicherweise in einem nicht wahrnehmenden Ding sein kann.

380. N.B. Kein einziges Argument, welcher Art auch immer, gewiß oder wahrscheinlich, *a priori* oder *a posteriori*, aus irgendeiner Kunst oder Wissenschaft, von den Sinnen oder der Vernunft, spricht dagegen.

X 381. Mathematiker haben keine richtige Vorstellung von Winkeln. Daher Berührungswinkel fälschlicherweise angewandt, um zu beweisen, daß Ausdehnung *ad infinitum* teilbar sei.

X 382. Wir haben die Algebra der reinen Vernunftwesen erreicht.

X 383. Wir können Newtons Sätze genauer*, leichter und aufgrund von wahreren Prinzipien beweisen als er selbst.

X* 383a. bis zur äußersten Genauigkeit, der nichts an Vollkommenheit fehlt.
Ihre Lösung von Problemen ist, wie sie selbst zugeben müssen, unendlich weit von Vollkommenheit entfernt.

X 384. Barrow gibt den Niedergang der Geometrie zu. Doch ich werde mich bemühen, sie zu retten, so weit sie nützlich oder wirklich oder anschaulich vorstellbar oder vernünftig ist, aber die Nichtse werde ich ihren Bewunderern überlassen.

X 385. Ich werde den ganzen Mathematiklehrgang jedem in 1/100 der Zeit, die ein anderer braucht, lehren.

X 386. Viel Spaß bekommen aus den Vorworten der Mathematiker.

\+ 387. Zahllose Gefäße, falls Materie; s. Cheyne.

P. 388. Newton sagt, in der feinen Materie sei Farbe. Daher beweist Malebranche nichts oder befindet sich im Irrtum, wenn er behauptet, es gebe nur Gestalt und Bewegung darin.

X 389. Die Billys verwenden eine endliche sichtbare Linie für 1/m.

T 390. Marsilius Ficinus. Sein Erscheinen im Augenblick seines Todes durch meine Zeitvorstellung gelöst.

M 391. Die Philosophen verlieren ihre Materie, die Mathematiker verlieren ihre nicht empfindbaren Empfindungen, die Unheiligen ihre ausgedehnte Gottheit. Ich frage, was verliert der Rest der Menschheit? Denn, was die Körper usw. angeht, – wir haben sie noch.
N.B. Der Philosoph und Mathematiker der Zukunft gewinnt ungeheuer durch dieses Abkommen.

P. 392. Es gibt Menschen, die behaupten, es gebe unempfindbare Ausdehnungen. Es gibt andere, die behaupten, die Wand sei nicht weiß, das Feuer sei nicht heiß usw. Wir Iren können zu solchen Wahrheiten nicht gelangen.

X 393. Die Mathematiker meinen, es gebe unempfindbare Linien. Über diese schwingen sie Reden, diese schneiden sie in einem Punkt unter allen Winkeln, diese sind *ad infinitum* teilbar. Wir Iren können solche Linien nicht begreifen.

X 394. Die Mathematiker sprechen von etwas, das sie einen Punkt nennen. Dieser, behaupten sie, ist nicht überhaupt nichts, noch ist er geradewegs etwas. Nun sind wir Iren in der Lage zu denken, daß etwas und nichts nächste Nachbarn sind.

X 395. Ich kann den Kreis quadrieren usw., sie können es nicht, was auf die besten Prinzipien zurückgeht.

\+ 396. Verpflichtungen gegenüber P. bezüglich der Abhandlung, die unter seinen Augen entstand, auch bezüglich seiner Zustimmung zu meinem Wortschwall. Rühmlich für P., der Schutzherr von nützlichen, wenn auch neuentdeckten Wahrheiten zu sein.

\+ 397. Wie könnte ich es wagen, Gedanken in die Welt zu setzen, bevor ich wüßte, daß sie für die Welt von Nutzen wären? Und wie könnte ich das wissen, bevor ich probiert hätte, wie sie zu den Vorstellungen anderer Menschen passen?

\+ 398. Ich veröffentliche dies vor allem, um zu wissen, ob andere Menschen dieselben Vorstellungen wie wir Iren haben. Dies ist meine Absicht, und nicht bezüglich meiner eigenen besonderen unterrichtet zu werden.

\+ 399. Die Materialisten und Nihilarianer brauchen keiner Seite anzugehören.

1X3 400. Frage, ob es nicht zwei Arten sichtbarer Ausdehnung gebe, die eine wahrgenommen durch einen verworrenen Blick, die andere durch eine deutliche, sukzessive Ausrichtung der optischen Achse auf jeden Punkt.

I 401. Keine allgemeinen Vorstellungen. Das Gegenteil ein Grund für Fehler oder Verwirrung in der Mathematik usw. Dies ist in der Einleitung mitzuteilen.

\+ 402. Das Prinzip kann auf die Schwierigkeiten der Erhaltung, Kooperation usw. angewandt werden.

N 403. Es ist eine Kleinigkeit für die Philosophen, die Ursache der magnetischen Anziehung usw. zu erforschen. Sie suchen nur nach koexistierenden Vorstellungen.

M.P. 404. *Quaecunque in Scriptura militant adversus Copernicum, militant pro me* [Was immer in der Bibel gegen Kopernikus streitet, streitet für mich].

M.P 405. Alles in der Bibel, was auf der Seite des einfachen Menschen gegen den Gelehrten steht, steht für mich. Ich stehe auf der Seite des einfachen Volkes.

406. Ich weiß, es gibt eine mächtige Sekte von Menschen, die mich bekämpfen werden, ich darf aber doch auf die Unterstützung jener rechnen, deren Geist bis jetzt noch nicht von Wahnsinn überwuchert ist. Sie sind der weitgrößte Teil der Menschheit. Besonders Moralisten, Theologen, Politiker, mit einem Wort: alle außer den Mathematikern und Naturwissenschaftlern (ich meine nur die ‚hypothetischen' Herren). Experimentalwissenschaftler finden bei mir nichts Anstoß Erregendes.

\+ 407. Newton bittet um sein Prinzip, ich beweise meins.

M.E. 408. Ich muß sehr ausführlich sein bei der Erläuterung dessen, was mit „existierenden Dingen" gemeint ist, bei Häusern, Zimmern, Feldern, Höhlen usw., sowohl wenn sie nicht wahrgenommen werden, wie wenn sie wahrgenommen werden, und muß zeigen, wie der gewöhnliche Begriff mit meinem übereinstimmt, wenn wir die Bedeutung und Definition des Wortes „Existenz" genau betrachten, was keine einfache Vorstellung, verschieden vom Wahrnehmen und Wahrgenommenwerden ist.

\+ 409. Die Scholastiker haben vornehme Gegenstände, aber behandeln sie schlecht. Die Mathematiker haben unbedeutende Gegenstände, aber folgern auf bewundernswerte Weise etwas über sie. Gewiß sind ihre Methode und Beweisführung hervorragend.

\+ 410. Gott weiß, wie weit unsere Kenntnis vernünftiger

Wesen durch das Prinzip erweitert werden kann.

M 411. Die Verkehrung des Prinzips halte ich für die Hauptquelle von all jenem Skeptizismus und Unsinn, all jenen Widersprüchen und unauflösbar rätselhaften Absurditäten, die zu allen Zeiten eine Schande für die menschliche Vernunft gewesen sind, ebenso wie von jener Vergötterung, ob von Bildern oder des Goldes usw., die den größten Teil der Welt verblendet, ebenso wie von jener schändlichen Sittenlosigkeit, die uns in Bestien verwandelt.

E 412. חיה *vixit et fuit* [lebte und ist gewesen].

Ɇ+ 413. *οὐσία* der von Aristoteles, den Kirchenvätern usw. gebrauchte Name für Substanz.

X 414. Wenn wir die Mathematik gleichzeitig viel leichter und viel genauer machen, was kann man uns einwenden?

X 415. Wir brauchen unsere Einbildungskraft nicht anzustrengen, um so sehr kleine Linien als Infinitesimalien zu begreifen. Sie können ebenso gut groß wie klein vorgestellt werden, da doch die ganze Zahl unendlich sein muß.

X 416. Evident, daß, was eine unendliche Anzahl von Teilen hat, unendlich sein muß.

X 417. Wir können uns eine Linie oder einen Raum nicht unendlich groß vorstellen, deswegen ist es absurd, über sie zu sprechen oder Aussagen zu machen.

X 418. Wir können uns eine Linie, einen Raum usw. nicht *quovis dato majus* [größer als jeder vorgegebene] vorstellen, da ja doch das, was wir uns vorstellen, ein *datum aliquod* [etwas Gegebenes] sein muß, und ein Ding nicht größer als es selbst sein kann.

X 419. Wenn du das unendlich nennst, was größer ist als alles, was von einem anderen angegeben werden kann, so behaupte ich, in diesem Sinne kann ein Quadrat, eine Kugel oder irgendeine andere Figur unendlich sein, was absurd ist.

X 420. Frage, ob Ausdehnung in Punkte auflösbar sei, aus denen sie nicht besteht.

X 421. Keine Schlußfolgerung über Dinge, von denen wir keine Vorstellungen haben. Deswegen keine Schlußfolgerung über Infinitesimalien.

\+ 422. Kein Wort ohne eine Vorstellung zu gebrauchen.

S 423. Falls Unbehagen notwendig ist, um den Willen ins Werk zu setzen, Frage: Wie werden wir im Himmel wollen?

\+ 424. Bayles, Malebranches usw. Argumente scheinen nicht gegen den Raum, sondern nur gegen die Körper zu beweisen.

M 424a. Ich stimme mit den Kartesianern bezüglich der Exi-
P stenz von Körpern und Qualitäten in nichts überein.

\+ 425. Aristoteles, ein ebenso guter Mann wie Euklid, aber ihm war erlaubt, sich geirrt zu haben.

X 426. Linien nicht geeignet zum Beweis.

⊕M 427. Das Pferd selbst, die Kirche selbst ist eine Vorstellung. d. h. Objekt, unmittelbares Objekt des Denkens.

M 427a. Das Pferd selbst, die Kirche selbst ist eine Vorstellung, d. h. Objekt, unmittelbares Objekt, des Denkens.

X 428. Statt zu schaden, nützt unsere Lehre der Geometrie viel.

E 429. Existenz ist *percipi* [wahrgenommenwerden] oder *percipere* [wahrnehmen]. Das Pferd steht im Stall, die Bücher im Studierzimmer wie vorher.

429a. oder *velle i.e. agere* [wollen, d. h. handeln].

N 430. In der Physik habe ich einen weiten Ausblick auf hierdurch lösbare Dinge, habe aber keine Zeit.

N 431. Hypochondrie und so ähnliche unerklärbare Dinge bestätigen meine Lehre.

X 432. Winkel nicht gut definiert; siehe Pardies' „Geometrie" [übersetzt] von Harris usw. Dies ein Grund für leichtfertiges Spiel.

\+ 433. Eine Vorstellung nicht die Ursache einer anderen, eine Kraft, nicht die Ursache einer anderen. Die Ursache aller natürlichen Dinge ist Gott allein. Daher Spielerei, nach zweiten Ursachen zu forschen. Diese Lehre gibt eine äußerst angemessene Vorstellung von der Gottheit.

N 434. Absurd, Astronomie und andere dergleichen Lehren als spekulative Wissenschaften zu studieren.

N 435. Die absurde Erklärung des Gedächtnisses durch das Gehirn usw. wirkt für mich.

\+ 436. Wie wurde das Licht vor dem Menschen erschaffen? Ebenso wurden Körper vor dem Menschen erschaffen.

E1 437. Unmöglich, daß irgendetwas außer dem, was denkt und an das gedacht wird, existieren sollte.

437a. denn es macht das Gedachte aktiv.

X 438. Das, was sichtbar ist, kann nicht aus unsichtbaren Dingen zusammengesetzt sein.

X 439. m.s. ist das, worin keine unterscheidbaren sinnlich wahrnehmbaren Teile enthalten sind. Wie kann nun das, was keine sinnlich wahrnehmbaren Teile besitzt, in sinnlich wahrnehmbare Teile geteilt werden? Wenn du behauptest, es könne in sinnlich wahrnehmbare Teile geteilt werden, behaupte ich, diese sind Nichtse.

X 440. Ausdehnung, abstrahiert von sinnlichen Qualitäten, ist keine Sinnesempfindung, das gebe ich zu, aber dann gibt es keine solche Vorstellung, wie jeder selbst prüfen kann. Es gibt nur eine Betrachtung der Punktanzahl, ohne ihre Art zu beachten, und das leistet etwas zu meinen Gunsten, da es in einem betrachtenden Ding sein muß.

1X12 441. Daran denken: Bevor ich den Unterschied zwischen sichtbarer und tastbarer Ausdehnung gezeigt habe, darf ich sie nicht als verschieden erwähnen. Ich darf nicht m.t. und m.v. erwähnen, sondern nur allgemein m.s. usw.

X 441a. Dies gehört zur Geometrie.

1X3 442. Frage, ob ein m.v. eine Farbe hat, ein m.t. irgendeine tastbare Qualität?

1X3 443. Wenn sichtbare Ausdehnung der Gegenstand der Geometrie ist, so ist es jene, die mit Hilfe der optischen Achse betrachtet wird.

P 444. In Übereinstimmung mit meiner Lehre darf ich behaupten, der Schmerz ist in meinem Finger usw.

X 445. Denke daran, genau zu erörtern, was gemeint ist, wenn wir behaupten, eine Linie bestehe aus einer bestimmten Anzahl von Zöllen oder Punkten usw., ein Kreis aus einer bestimmten Anzahl von Quadratzöllen, Punkten usw. Sicherlich können wir an einen Kreis denken oder seine Vorstellung in unserem Geist haben, ohne an Punkte oder Quadratzölle usw. zu denken, weswegen man glauben sollte, daß die Vorstellung eines Kreises nicht aus den Vorstellungen von Punkten, Quadratzöllen usw. zusammengesetzt ist.

X 446. Frage: Ist mit den vorangegangenen Ausdrücken mehr gemeint, nämlich mehr als, daß Quadrate oder Punkte in einem Kreis usw. wahrgenommen oder festgestellt werden können, oder daß Quadrate, Punkte usw. wirklich in ihm sind, d. h. in ihm wahrnehmbar sind?

X+ 447. Eine abstrakte Linie oder Entfernung ist die Anzahl von Punkten zwischen zwei Punkten. Es gibt auch Entfernung zwischen einem Sklaven und einem Kaiser, zwischen einem Bauern und einem Philosophen, zwischen einer Drachme und einem Pfund, einem Farthing und einer Krone usw. In all dem bedeutet Entfernung die Anzahl von dazwischen liegenden Vorstellungen.

X 448. Halleys Lehre über das Verhältnis zwischen unendlich großen Quantitäten löst sich auf. Wenn die Menschen von unendlichen Quantitäten sprechen, meinen sie entweder endliche Quantitäten, oder sie sprechen von (dem, wo-
* von sie) keine Vorstellung (haben), was beides absurd ist.

* 448a. Das hätte nicht ausgestrichen werden müssen. Es hat einen guten Sinn, wenn wir nur bestimmen, was wir mit „Ding“ und „Vorstellung“ meinen.

X 449. Wenn man den Disputationen der Scholastiker Kompliziertheit, Geringfügigkeit und Verwirrung vorwirft, muß man doch anerkennen, daß sie hauptsächlich große und bedeutende Gegenstände behandeln. Wenn wir die Methode und Scharfsinnigkeit der Mathematiker bewundern, die Länge, das Raffinement, die Exaktheit ihrer Beweise, so sind wir dennoch gezwungen zuzugeben, daß sie meistens unbedeutende Gegenstände und vielleicht überhaupt nichts behandeln.

\+ 450. Bewegung scheint bei reiflicher Überlegung eine einfache Vorstellung zu sein.

P1 450a. Bewegung getrennt von dem bewegten Ding ist nicht begreifbar.

N 451. Denke daran, bezüglich ihrer Definition Newton zu beachten; auch Lockes Weisheit, indem er sie undefiniert läßt.

\+ 452. *ut ordo partium Temporis est immutabilis, sic etiam ordo partium Spatii. Moveantur hae de locis suis et movebuntur, (ut ita dicam) de seipsis.* [Wie die Ordnung der

Zeitteile unveränderbar ist, so auch die Ordnung der Raumteile. Werden diese von ihrem Ort wegbewegt, so werden sie (sozusagen) von sich selbst wegbewegt.] Die Zahl ist wahrhaftig nicht bewegbar, das werden wir mit Newton zugeben.

P 453. Frage einen Kartesianer, ob er sich seine Kügelchen ohne Farbe vorzustellen pflegt. Durchsichtigkeit ist eine Farbe. Die Farbe des gewöhnlichen Sonnenlichts ist weiß. Newton hat recht, wenn er den Lichtstrahlen Farben zuschreibt.

1X1 454. Ein blindgeborener Mensch würde sich den Raum nicht so wie wir vorstellen. Wir geben ihm immer eine gewisse wässrige oder finstere oder dunkle Farbe. Kurz: Wir stellen uns ihn als etwas Sichtbares oder durch das Auge Eingeführtes vor, was er nicht tun würde.

N 455. *Proinde vim inferunt Sacris literis qui voces hasce (v. tempus, spatium, motus) de quantitatibus mensuratis ibi interpretantur.* [Ferner tun diejenigen der Heiligen Schrift Gewalt an, die diese Wörter (nämlich Zeit, Raum, Bewegung) dort als die gemessenen Größen interpretieren.] Newton, p.10.

N 456. Ich unterscheide mich von Newton darin, daß ich meine, die Entfernung *ab axe motus* [von der Bewegungsachse] ist nicht die Wirkung oder das Anzeichen oder das Maß der Bewegung, sondern das der *vis impressa* [eingeprägten Kraft]. Sie zeigt nicht, was wahrhaft bewegt ist, sondern welches die darauf eingeprägte Kraft hat, oder besser: welches eine eingeprägte Kraft hat.

X 457. Es gibt nicht *eine* Proportion zwischen d [Durchmesser] und p [Peripherie] für alle Kreise. dd verhält sich zu 1/4 dp wie d zu p/4, aber d und p/4 stehen nicht bei allen Kreisen im selben Verhältnis. Daher ist es Unsinn, Ausdrücke einer allgemeinen Proportion zu suchen, um dadurch alle Peripherien zu rektifizieren, oder einer anderen, um dadurch alle Kreise zu quadrieren.

X 458. N.B. Falls der Kreis arithmetisch quadriert ist, ist er auch geometrisch quadriert, da Arithmetik oder Zahlen auf die Geometrie angewandt nichts anderes sind als Linien und Verhältnisse von Linien.

X+ 459. Denke daran, Cheyne und seine Lehre von den Unendlichen zu erwähnen.

X 460. Ausdehnung, Bewegung, Zeit enthalten alle die Vorstellung von Sukzession und scheinen von daher für die mathematische Betrachtung geeignet zu sein. Zahl, die in Sukzession besteht, und deutliche Wahrnehmung, die ebenso in Sukzession besteht, werden als auf einmal wahrgenommene Dinge im Geist durcheinandergeworfen und vermischt. Zeit und Bewegung können nicht ohne Sukzession begriffen werden, und Ausdehnung *qua mathemat.* [als mathematische] kann nicht anders begriffen werden als bestehend aus Teilen, die deutlich und sukzessiv wahrgenommen werden können. Auf einmal und *in confuso* [verworren] wahrgenommene Ausdehnung gehört nicht zur Mathematik.

\+ 461. Die „Kraft“ genannte einfache Vorstellung scheint dunkel, oder besser: gar keine zu sein, sondern nur die Beziehung zwischen Ursache und Wirkung. Wenn ich frage, ob A B bewegen kann, so meine ich, falls A ein vernunftbegabtes Wesen ist, nur ob das Wollen von A, daß sich B bewege, von der Bewegung des B begleitet wird; falls A empfindungslos ist, ob auf den Stoß von A gegen B die Bewegung von B folgt.

X 462. Barrows Argumentation gegen Indivisibilien (Lect. I, p. 16) ist eine *petitio principii*, denn der Beweis von Archimedes setzt voraus, daß der Umfang aus mehr als 24 Punkten besteht. Darüberhinaus mag es vielleicht für den Beweis, daß der Radius gleich der Seite des Sechsecks ist, notwendig sein, die Teilbarkeit *ad infinitum* vorauszusetzen.

X 463. Zeige mir ein Argument gegen Indivisibilien, das nicht auf irgendeiner falschen Voraussetzung beruht!

X 464. Eine große Anzahl von nichtempfindbaren [Elementen]; oder so: Du behauptest, zwei unsichtbare [Elemente] werden sichtbar, deswegen enthalte jenes m.v. unsichtbare [Elemente] oder sei daraus erzeugt. Ich antworte: Das m.v. enthält nicht, ist nicht zusammengesetzt aus unsichtbaren [Elementen]. All das läuft auf folgendes hinaus: Während ich vor einiger Zeit keine Vorstellung hatte, habe ich jetzt eine Vorstellung. Es bleibt deine Aufgabe, zu beweisen, daß ich zur gegenwärtigen Vorstellung kam, weil zwei unsichtbare [Elemente] zusammengefügt wurden. Ich behaupte, die unsichtbaren [Elemente] sind Nichtse, können nicht existieren, enthalten einen Widerspruch.

\+ 465. Ich bin jung, ich bin ein Emporkömmling, ich bin ein Angeber, ich bin eingebildet. Nun gut. Ich werde mich bemühen, unter den erniedrigendsten, schmählichsten Benennungen, die der Stolz und die Wut ersinnen können, geduldig auszuhalten. Aber einer Sache, das weiß ich, bin ich nicht schuldig: Ich setze mein Vertrauen nicht auf die Unterstützung irgendeines großen Mannes. Ich handle nicht aus Vorurteil und Voreingenommenheit heraus. Ich hänge keiner Meinung an, weil sie eine alte, eine allgemein anerkannte, eine moderne oder eine ist, auf deren Studium und Bearbeitung ich viel Zeit verwendet habe.

X 466. Bei Linien und Figuren sollten eher die Sinne angewandt werden als Vernunft und Beweis, weil jenes sinnliche Dinge sind; denn wir haben bezüglich der Dinge, die man „nichtsinnlich“ nennt, nachgewiesen, daß sie Unsinn, nichts sind.

I 467. Wenn ich mich in einigem von einem Philosophen unterscheide, den ich zu bewundern eingestehe, so geschieht dies gerade deswegen, weswegen ich ihn bewundere, nämlich wegen der Liebe zur Wahrheit. Diese usw.

I 468. Wo immer mein Leser findet, daß ich sehr bestimmt spreche, wünsche ich, daß er es nicht übel nimmt. Ich sehe keinen Grund, warum Sicherheit auf die Mathematiker beschränkt sein sollte.

X 469. Ich behaupte, es gibt keine Inkommensurablen, keine irrationalen Zahlen; ich behaupte, die Seite eines jeden Quadrats kann in Zahlen angegeben werden. Angenommen, du gibst mir die Aufgabe, die Seite des Quadrates zehn zu bestimmen. Ich frage: zehn was? Zehn Fuß, Zoll usw. oder zehn Punkte? Wenn letztere, so leugne ich, daß es ein solches Quadrat gibt. Es ist unmöglich, daß zehn Punkte ein Quadrat bilden. Wenn ersteres, so löse deine zehn Quadratzoll, -fuß usw. in Punkte auf, und die Anzahl der Punkte muß notwendigerweise eine Quadratzahl sein, deren Seite leicht angebbar ist.

X 470. Es kann nicht zwischen zwei beliebigen Linien eine mittlere Proportionale gefunden werden. Sie kann nur zwischen solchen gefunden werden, deren Punktanzahlen miteinander multipliziert eine Quadratzahl ergeben. Daher kann zwischen einer Linie von zwei Zoll und einer Linie von fünf Zoll kein geometrisches Mittel gefunden werden, es sei denn, die Anzahl der in zwei Zoll enthaltenen Punkte multipliziert mit der Anzahl der in fünf Zoll enthaltenen Punkte ergibt eine Quadratzahl.

X 471. Wäre die Intelligenz und der Arbeitseifer der Nihilarianer in der nützlichen, praktischen Mathematik angewandt worden, welchen Vorteil hätte es der Menschheit gebracht!

M.E 472. Du fragst mich, ob die Bücher jetzt im Studierzimmer sind, wenn keiner da ist, um sie zu sehen. Ich antworte: „Ja". Du fragst mich: „Irren wir uns nicht, wenn wir uns einbilden, daß Dinge existieren, während sie nicht aktual durch die Sinne wahrgenommen werden?" Ich antworte: „Nein". Die Existenz unserer Vorstellungen besteht im Wahrgenommen-, Vorgestellt-, Gedachtwerden. Immer wenn sie vorgestellt oder gedacht werden, existieren sie. Immer wenn man sie erwähnt oder sich über sie unterhält, werden sie vorgestellt oder gedacht. Deswegen kannst du mich zu keiner Zeit fragen, ob sie existieren oder nicht, sondern sie müssen gerade aufgrund dieser Frage notwendig existieren.

E 473. Aber, sagst du, dann existiert eine Chimäre! Ich antworte: „Sie existiert in einem Sinn, d. h. sie wird vorgestellt, aber man muß gut beachten, daß „Existenz" umgangssprachlich auf aktuale Wahrnehmung beschränkt ist und daß ich das Wort „Existenz" in einem weiteren Sinne als gewöhnlich gebrauche."

\+ 474. N.B. Nach meiner Lehre sind alle Dinge *entia rationis* [Verstandeswesen], d. h. *solum habent esse in intellectu* [haben nur ein Sein im Geiste].

E 474a. Nach meiner Lehre sind nicht alle [Dinge] *entia rationis* [Verstandeswesen]. Die Unterscheidung zwischen *ens rationis* und *ens reale* [wirklich Seiendes] wird von ihr ebensogut wie von jeder anderen Lehre aufrecht erhalten.

X 475. Ihr fragt mich, ob es eine unendliche Vorstellung geben kann. Ich antworte: In einem Sinne kann es sie geben. So ist die visuelle Sphäre, wenn auch noch so klein, unendlich, d. h. sie hat kein Ende. Wenn du aber unter „unendlich" eine Ausdehnung meinst, die aus zahllosen Punkten besteht, dann bitte ich um deine Nachsicht: Punkte, wenn auch noch so viele, können gezählt werden. Die Vielheit von Punkten oder Füßen, Zöllen usw. verhindert nicht im geringsten ihre Zählbarkeit. Viele oder äußerst viele sind ebensogut zählbar wie wenige oder äußerst wenige.* Auch wenn du unter einer „unendlichen Vorstellung" eine Vorstellung verstehst, die zu groß ist, um auf einmal erfaßt oder wahrgenommen zu werden, mußt du mich entschuldigen; ich meine, solch ein Unendliches ist mindestens ein Widerspruch.

* 475a. d. h. verhindert nicht ihr Zählbar-sein.

M1 476. Die Dummheit der gängigen Lehren wirkt viel zu meinen Gunsten. Sie setzen im allgemeinen eine materielle Welt, Gestalten, Bewegungen, Massen mit verschiedenen Größen usw. voraus. Nach ihrem eigenen Geständnis ohne Zweck. Alle unsere Empfindungen können ohne sie sein und sind es manchmal wirklich. Man ist nicht einmal imstande, es als möglich zu begreifen, daß diese auf irgendeine Weise zur Erzeugung jener beitragen.

M1 477. Frage einen Menschen, ich meine einen Kartesianer, warum er diese ungeheure Struktur, dieses System von Körpern voraussetzt. Er wird in Verlegenheit sein, er wird nicht ein Wort zu sagen haben. Das zeigt zur Genüge die Unsinnigkeit der Hypothese.

M. 477a. Oder besser: Warum setzt er all diese Materie voraus? Denn ich gebe zu, daß Körper und ihre Qualitäten unabhängig von *unserem* Geist existieren.

S 478. Frage: Wie unterscheidet sich die Seele von ihren Vorstellungen? Wenn es keine sinnlichen Vorstellungen gäbe, könnte es gewiß auch keine Seele, keine Wahrnehmung, Erinnerung, Liebe, Furcht usw. geben. Keine Fähigkeit könnte ausgeübt werden.

S 478a. Die Seele ist, eigentlich gesprochen, der Wille und, da es so ist, von den Vorstellungen verschieden.

S 479. Die eindrucksvolle, rätselhafte Frage, ob ich schlafe oder wache, leicht gelöst.

X 480. Frage, ob Minima oder bloße Minima nicht durch ihr früheres oder späteres Verschwinden ebensogut verglichen werden können wie durch mehr oder weniger Punkte, so daß ein Wahrnehmbares größer sein könnte als ein anderes, obwohl es dieses nicht durch einen einzigen Punkt übertrifft.

X 481. Kreise mit verschiedenen Radien sind nicht ähnliche Figuren, da weder alle noch irgendeiner von ihnen eine unendliche Anzahl von Seiten hat. Daher vergeblich, nach zwei Gliedern ein und derselben Proportion zu suchen, die das Verhältnis von d zu p in allen Kreisen konstant ausdrücken würde.

X 482. Denke daran, die hochtrabenden Worte von Wallis zu bemerken, daß die genannte Proportion weder durch rationale noch irrationale Zahlen ausgedrückt werden kann.

X 483. Wir können eine Vorstellung von Länge ohne Breite oder Sichtbarkeit ebensowenig haben wie von einer allgemeinen Figur.

+* 484. Eine Vorstellung kann einer anderen Vorstellung ähnlich sein, obwohl sie keine gemeinsame einfache Vorstellung enthalten. So ist die einfache Vorstellung Rot in einem gewissen Sinne der einfachen Vorstellung Blau ähnlich. Sie ist ihr ähnlicher als Süß oder Schrill. Dann stimmen aber jene beiden Vorstellungen, von denen auf diese Weise gesagt wird, sie seien ähnlich, in ihrer Verbindung mit einer anderen einfachen Vorstellung, nämlich der Ausdehnung, überein und darin, daß sie durch ein und denselben Sinn empfangen werden. Aber trotz allem kann nichts außer einer Vorstellung einer Vorstellung ähnlich sein.

484a. Dies billige ich nicht ganz.

\+ 485. In meiner Lehre keine Aufteilung zwischen Gott und Natur oder zweiten Ursachen.

M 486. Materialisten müssen zugeben, daß die Erde durch die Anziehungskraft eines jeden Steines, der aus der Luft fällt, wirklich bewegt wird, wie viele andere derartige Absurditäten.

X 487. Untersuche bezüglich der Pendeluhr usw., ob solche Untersuchungen von Huygens usw. aufgrund meiner Lehre gemacht werden können.

\+ 488. Die '''' und ''''' und '''''' usw. der Zeit müssen als ebenso viele Nullen und Nichtse verworfen und vernachlässigt werden.

\+ 489. Denke daran, Experimente bezüglich der Minima und ihrer Farben zu machen, ob sie irgendeine haben oder keine und ob sie von jenem Grün sein können, das aus Gelb und Blau zusammengesetzt zu sein scheint.

S 490. Frage, ob es nicht besser wäre, die Operationen des Geistes nicht Vorstellungen zu nennen, indem man diesen Ausdruck auf sinnlich wahrnehmbare Dinge einschränkt.

E 491. Denke daran, sorgfältig herauszustellen, wie sich so viele der antiken Philosophen in so große Absurditäten verrannt haben, wie z. B. die Existenz der Bewegung und jener anderen Dinge, die sie durch ihre Sinne wirklich wahrnahmen, zu leugnen. Dies entsprang aus ihrer Unkenntnis dessen, was Existenz ist und worin sie besteht. Dies die Quelle von all ihrem Unsinn. Es ist die Enthüllung der Natur, der Bedeutung und Tragweite der Existenz, worauf ich hauptsächlich bestehe. Das setzt einen großen Unterschied zwischen die Skeptiker und mich. Das halte ich für völlig neu. Ich bin sicher, es ist neu für mich.

X 492. Wir haben von Herrn Locke gelernt, daß es verschiedene glatte, zusammenhängende und methodische Abhandlungen geben kann und gibt, die trotzdem gar nichts bedeuten. Er teilt das mit Bezug auf die Scholastiker mit. Wir können es auf die Mathematiker anwenden.

\+ 493. Kraft keine einfache Vorstellung. Sie bedeutet nichts als die Beziehung zwischen Ursache und Wirkung.

\+ 494. Frage: Wie kann von allen Wörtern behauptet werden, daß sie für Vorstellungen stehen? Das Wort „blau“ steht für eine Farbe ohne irgendeine Ausdehnung oder abstrahiert von der Ausdehnung. Wir haben aber keine Vorstellung von Farbe ohne Ausdehnung. Wir können uns keine Farbe ohne Ausdehnung anschaulich vorstellen.

\+ 495. Locke scheint fälschlicherweise den Wörtern einen zweifachen Gebrauch zuzuschreiben, einen für Mitteilung und den anderen für Aufzeichnung unserer Gedanken. Es ist absurd, Wörter zu gebrauchen, um unsere Gedanken für uns selbst oder in unseren privaten Überlegungen aufzuzeichnen.

\+ 496. Keine einzige abstrakte einfache Vorstellung einer

anderen ähnlich. Zwei einfache Vorstellungen können mit ein und derselben dritten einfachen Vorstellung verknüpft oder durch ein und denselben Sinn eingeführt sein, aber an sich selbst können sie nichts gemeinsam und folglich keine Ähnlichkeit haben.

\+ 497. Frage: Wie kann es irgendwelche abstrakten Vorstellungen von Farben geben? Es scheint, nicht so leicht wie von Geschmäcken und Tönen. Doch dann sind alle abstrakten Vorstellungen überhaupt besondere. Ich kann auf keine Weise eine allgemeine Vorstellung begreifen. Es ist eine Sache, eine Vorstellung von einer anderen, anders gearteten zu abstrahieren, und eine andere Sache, eine Vorstellung von allen besonderen derselben Art zu abstrahieren.

N 498. Denke daran, die experimentelle Wissenschaft sehr zu empfehlen und gutzuheißen.

S 499. Was bedeutet Ursache unterschieden von Okkasion? Nichts als ein Wesen, das will, wenn die Wirkung auf das Wollen folgt. Von solchen Dingen, die von außen her geschehen, sind wir nicht die Ursache; deswegen gibt es irgendeine andere Ursache derselben, d. h. es gibt ein Wesen, das jene Wahrnehmungen in uns will.

S. 499a. Es sollte nur „ein Wille" genannt werden, da „ein Wesen, das will" unverständlich ist.

X 500. Ein Quadrat kann nicht das doppelte eines anderen sein. Daher ist der Pythagoreische Lehrsatz falsch.

1X1 501. Einige Verfasser von Büchern über Katoptrik sind unsinnig genug, den scheinbaren Ort des Objektes im Barrowschen Fall hinter das Auge zu legen.

\+ 502. Die immer weitere Verkleinerung von blau-gelben Karomustern endet in Grün. Dies kann helfen, die Zusammensetzung von Grün zu prüfen.

\+ 503. Es gibt im Grün zwei Grundlagen von zwei Relationen der Ähnlichkeit zu Blau und Gelb. Deswegen ist Grün zusammengesetzt.

\+ 504. Eine gemischte Ursache wird eine gemischte Wirkung hervorbringen, deswegen sind alle Farbem, die wir sehen, zusammengesetzt.

\+ 505. Denke daran, Newtons zwei Arten von Grün zu betrachten.

\+ 506. N.B. Meine abstrakten und allgemeinen Lehren sollten von der Royal Society nicht verworfen werden. Das ist es, was ihre Versammlung letztlich beabsichtigte. S. Sprat's History S.R.

I 507. Denke daran, eine Definition von „Vorstellung" vorauszuschicken.

Mo. 508. Die zwei großen Prinzipien der Moral: Die Existenz eines Gottes und die Freiheit des Menschen. Diese sind am Anfang des zweiten Buches zu behandeln.

X 509. *Subvertitur geometria at non practica sed speculativa* [Die Geometrie, aber nicht die praktische, sondern die spekulative, wird umgestürzt].

X 510. Der Satz des Archimedes über die Kreisquadratur hat mit Umfängen, die weniger als 96 Punkte enthalten, nichts zu tun, und wenn der Umfang 96 Punkte enthält, kann er angewandt werden, aber dann folgt nichts gegen Indivisibilien. S. Barrow.

X 511. Solche Kurven, die man geometrisch rektifizieren kann, vergleiche man mit den ihnen gleichen geraden Linien und man wird mit dem Mikroskop eine Ungleichheit feststellen. Daher ist meine Quadratur des Kreises ebensogut und exakt wie die beste.

M 512. Frage, ob die Substanz eines Körpers oder irgendeines anderen Dinges etwas über die in diesem Ding enthaltene Ansammlung von Vorstellungen hinaus sei. Also ist die Substanz jedes besonderen Körpers Audehnung, Festigkeit, Gestalt. Von einem allgemeinen Körper keine Vorstellung.

I 513. Denke daran, äußerst sorgfältig einzuschärfen und darzulegen, wie das Bestreben, abstrakte philosophische Gedanken mit Worten auszudrücken, einen Menschen unvermeidlich in Schwierigkeiten bringt. Dies ist in der Einleitung zu tun.

X 514. Denke daran, nach einem äußerst genauen Verständnis dessen zu streben, was mit folgendem Axiom gemeint ist: *Quae sibi mutuo congruunt aequalia sunt* [Was zueinander kongruent ist, ist gleich].

X 515. Frage, was die Geometrietreibenden mit „Gleichheit von Linien" meinen, und ob nach ihrer Definition von Gleichheit eine Kurve möglicherweise einer geraden Linie gleich sein kann.

X 516. Wenn man mit mir solche Linien gleich nennt, die eine gleiche Anzahl von Punkten enthalten, wird es keine Schwierigkeit geben. Jene Kurve ist einer geraden Linie gleich, die ebenso viele Punkte enthält wie die gerade Linie.

M 517. Ich nehme die Substanzen nicht weg. Man sollte mich nicht der Beseitigung der Substanz aus der vernünftigen Welt beschuldigen. Ich verwerfe nur den philosophischen Sinn (der eigentlich kein Sinn ist) des Wortes „Substanz". Frage einen noch wenig von ihrem Jargon verdorbenen Menschen, was er unter körperlicher Substanz oder der Substanz eines Körpers versteht. Er wird antworten: „Masse, Festigkeit und derartige Qualitäten." Diese behalte ich bei, das philosophische *nec quid nec quantum nec quale*, wovon ich keine Vorstellung habe, beseitige ich, wenn man von einem Menschen sagen kann, er beseitige das, was niemals irgendein Sein hatte [had any being], was niemals auch nur ausgedacht oder begriffen wurde.

M 517a. N.B. Ich bin mehr für Realität als irgendwelche anderen Philosophen. Sie hegen tausend Zweifel und wissen nur sicher, daß wir getäuscht werden können. Ich behaupte gerade das Gegenteil.

M 518. Kurz: Seid nicht böse, ihr verliert nichts, weder Reales, noch Chimärisches, was ihr immer auf irgendeine Weise begreifen oder ausdenken könnt, sei es noch so verrückt, übertrieben und widersinnig. Es mag euch sehr gut tun, ihr könnt es meinetwegen genießen. Ich werde es euch nicht rauben.

X 519. Eine Linie im Sinne der Mathematiker ist nicht bloße Entfernung. Dies ist dadurch evident, daß es krumme Linien gibt.

X 520. Kurven vollkommen unbegreifbar, unerklärbar, unsinnig, ausgenommen, wir lassen Punkte zu.

I 521. Wenn die Menschen etwas suchen, wo es nicht zu finden ist, seien sie auch noch so klug, es ist verlorene Mühe. Wenn ein einfacher, plumper Mensch weiß, wo das Wild liegt, wird er es, obwohl zu Fuß, eher fangen, als der schnellste und geschickteste, der es anderswo sucht. Die Menschen ziehen es vor, nach Wahrheit und Erkenntnis eher irgendwo zu jagen als in ihrem eigenen Verstand, wo sie zu finden ist.

1M 522. Alle Erkenntnis nur über Vorstellungen. S. Locke B. 4 K. 1.

S 523. Es scheint unpassend und Schwierigkeiten zu unterliegen, das Wort „Person“ für eine Vorstellung stehen zu lassen, oder uns selbst zu Vorstellungen oder denkende Dinge zu Vorstellungen zu machen.

I 524. Allgemeine Vorstellungen Ursache von viel Oberflächlichkeit und Irrtum.

X 525. Die Mathematiker scheinen von Gleichheit nicht klar und kohärent zu sprechen. Sie definieren nirgends, was sie mit jenem Wort meinen, wenn es auf Linien angewandt wird.

\+ 526. Locke behauptet, die Zustandsbestimmungen von einfachen Vorstellungen, abgesehen von Ausdehnung und Zahl, werden durch Grade berechnet. Ich leugne, daß es irgendwelche Maße oder Grade von einfachen Vorstellungen gibt. Was er so nennt, sind zusammengesetzte Vorstellungen, wie ich am Grün bewiesen habe.

X 527. Was meinen die Mathematiker mit „Betrachtung von Kurven als Polygone"? Entweder sind sie Polygone oder sie sind es nicht. Wenn sie es sind, warum geben sie ihnen den Namen „Kurven"? Warum nennen sie sie nicht stets „Polygone" und behandeln sie als solche? Wenn sie nicht Polygone sind, meine ich, es ist absurd, Polygone an ihrer Stelle zu verwenden. Was ist dieses anderes als eine Verdrehung der Sprache, um eine Vorstellung einem Namen anzupassen, der nicht zu ihr, sondern zu einer anderen Vorstellung gehört?

X 528. Die Mathematiker sollten auf ihr Axiom achten: *Quae congruunt sunt aequalia* [Was kongruent ist, ist gleich]. Ich weiß nicht, was sie meinen, wenn sie mich auffordern, ein Dreieck auf ein anderes zu legen. Das untere Dreieck ist kein Dreieck, überhaupt nichts, da es nicht wahrgenommen wird. Ich frage, soll das Sehen Richter über diese Kongruenz sein oder nicht? Wenn ja, dann sind alle unter demselben Winkel gesehenen Linien gleich, was sie nicht anerkennen werden. Soll der Tastsinn Richter sein? Doch nach den Mathematikern selbst können wir Linien und Flächen wie Dreiecke usw. nicht tasten oder fühlen. Viel weniger können wir eine Linie oder ein Dreieck, die durch eine andere Linie oder ein anderes Dreieck verdeckt sind, fühlen.

X 529. Meint ihr, wenn ihr sagt, ein Dreieck sei einem anderen gleich, daß sie beide gleiche Räume einnehmen? Aber dann kehrt die Frage wieder, was meint ihr mit gleichen Räumen? Wenn ihr *spatia congruentia* [kongruente Räume] meint, verteidigt euch gegen die obigen Schwierigkeiten!

X 530. Ich (für meinen Teil) kann unter gleichen Dreiecken nichts anderes verstehen als Dreiecke, die die gleiche Anzahl von Punkten enthalten.

X 530a. Ich kann unter gleichen Linien nichts anderes verstehen als Linien, bei denen es gleichgültig ist, welche von ihnen ich nehme, Linien, in denen ich mit meinen Sinnen keinen Unterschied wahrnehme und die deswegen denselben Namen tragen.

X 531. Soll in dem genannten Fall die Einbildungskraft Richter sein? Aber dann kann Einbildungskraft nicht über das Tasten und Sehen hinausgehen. Behauptet man, reine Vernunft solle Richter sein, erwidere ich, daß Linien und Dreiecke nicht Operationen des Geistes sind.

+ 532. Wenn ich bei Dingen, in denen ich sicher bin, bestimmt und mit dem Stil eines Mathematikers spreche, geschieht es, um Dispute zu vermeiden, die Menschen vorsichtig zu machen, damit sie denken, bevor sie tadeln, damit sie meine Argumente diskutieren, bevor sie daran gehen, sie zu widerlegen. Ich würde niemals der Wahrheit und Gewißheit durch vorgetäuschte Bescheidenheit und Unterwerfung unter bessere Urteile Unrecht tun. Was ich euch vorlege, sind unbestrittene Lehrsätze, nicht plausible Vermutungen von mir, noch erlernte Meinungen anderer Leute. Ich gebe nicht vor, sie mit Figuren, Analogie oder Autorität zu beweisen. Sie sollen durch ihre eigene Evidenz stehen oder fallen.

N 533. Wenn du von den korpuskularen Wesenheiten der Körper sprichst, denke daran, über § 11 und 12 B. 4 K. 3 von Locke nachzudenken.

533'. Bewegung setzt nicht Festigkeit voraus. Eine bloß gefärbte Ausdehnung kann uns die Vorstellung von Bewegung geben.

P 534. Irgendein Subjekt kann aus jeder Art primärer Qualitäten jeweils nur eine besondere auf einmal haben. B. 4 K. 3 § 15.

M 535. Nun, sagt ihr, nach dieser neuen Lehre ist aber alles bloße Vorstellung, es gibt nichts, was nicht ein *ens rationis* [Verstandeswesen] ist. Ich antworte: Dinge sind ebenso real und existieren *in rerum natura* [in der Natur der Dinge] ebensogut wie immer. Die Unterscheidung zwischen *entia realia* [wirklichen Wesen] und *entia rationis* kann jetzt ebenso richtig gemacht werden wie immer. Aber denkt, bevor ihr sprecht! Bemüht euch, meine Meinung richtig zu begreifen, und ihr werdet mit mir darin übereinstimmen!

N 536. Die Unterscheidung zwischen realen und nominalen Wesenheiten fruchtlos.

537. Wir kennen die Bedeutung unserer Wörter nicht. „Real", „Ausdehnung", „Existenz", „Kraft", „Materie", „Linien", „Unendlich", „Punkt" und viele andere sind häufig in unserem Mund, während ihnen in unserem Verstand wenig Klares und Deutliches entspricht. Das muß gut eingeschärft werden.

M 538. Die Unterscheidung zwischen geistiger und materieller Welt ist leer. S. Locke B. 4 K. 3 § 27, wo er sagt, jene sei viel schöner als diese.

S.Mo. 539. Es ist töricht von den Menschen, die Sinne zu verachten. Ohne ihre Hilfe könnte der Geist keine Erkenntnis, überhaupt keinen Gedanken haben. Alle Arten von Introversion, Meditation, Kontemplation und geistigen Akten sind als solche, die ausgeübt werden könnten, bevor wir durch die Sinne Vorstellungen von außen haben, offenbar unsinnig. Das kann von großem Nutzen sein, indem es das Glück des Lebens begreifbarer macht und mit unserer gegenwärtigen Natur in Übereinstimmung bringt. Die Scholastiker und Haarspalter in der Philosophie gaben dem größten Teil der Menschheit keine verlockendere Vorstellung vom Himmel und von den Freuden der Seligen.

X 540. Die riesige, weitverbreitete, universale Ursache unserer Irrtümer ist, daß wir nicht unsere eigenen Begriffe betrachten, ich meine: sie für sich selbst betrachten, festsetzen, regeln und bestimmen. Wir betrachten sie nämlich nur in Beziehung zueinander. Kurz: Wir irren uns sehr, wenn wir die Beziehungen von Dingen studieren, bevor wir sie absolut und für sich selbst studieren. So versuchen wir, die Beziehungen von Figuren zueinander, auch die Beziehungen von Zahlen zueinander herauszufinden, ohne uns richtig bemüht zu haben, die Natur der Ausdehnung und der Zahl für sich selbst zu verstehen. Das, meinen wir, sei ohne Bedeutung, bereite keine Schwierigkeit, aber, wenn ich nicht irre, ist es von der äußersten Wichtigkeit.

Mo 541. Ich lasse die zwischen Nutzen und Genuß gemachte Unterscheidung nicht zu.

Mo 542. Ich würde niemals einen Menschen dafür tadeln, daß er nach seinem Interesse handelt. Wer aufgrund eines anderen Prinzips handelt, ist ein Narr. Das Unverständnis für diese Dinge hatte in der Ethik schlimme Folgen.

\+ 543. Meine bestimmten Behauptungen sind nicht weniger bescheiden als solche, die eingeführt werden mit „es scheint mir", „ich nehme an" usw., da ich ein für alle Mal erkläre, daß alles, was ich schreibe oder denke, nur von Dingen handelt, wie sie mir erscheinen. Es geht jemanden nur so weit an, wie seine Gedanken mit meinen übereinstimmen. Dies im Vorwort.

I 544. Zwei Dinge sind geeignet, die Menschen bei ihren Schlußfolgerungen durcheinander zu bringen:

1. Wörter, die Operationen des Geistes bezeichnen, sind von sinnlichen Vorstellungen hergenommen,
2. Wörter in ihrem gewöhnlichen Gebrauch werden in einer gewissen Breite genommen, ihre Bedeutung ist verworren.

Wenn jemand sie in einer bestimmten, festgesetzten Bedeutung verwendet, läuft er daher Gefahr, entweder nicht verstanden zu werden oder unzutreffend zu sprechen. All dem kann durch eine Untersuchung des Verstandes abgeholfen werden.

X 545. Einheit keine einfache Vorstellung. Ich habe keine Vorstellung, die nur dem Wort „eins“ entspricht. Jede Zahl besteht in Relationen.

\+ 546. *Entia realia et Entia rationis* [wirkliche Wesen und Verstandeswesen] eine dumme Unterscheidung der Scholastiker.

546a. sie sind beide keineswegs so dumm.

M.P. 547. Wir haben eine intuitive Erkenntnis von der Existenz anderer Dinge außer uns selbst und sogar vor der Erkenntnis unserer eigenen Existenz, weil wir Vorstellungen haben müssen, sonst können wir nicht denken.

S 548. Wir bewegen unsere Beine selbst. Wir sind es, die ihre Bewegung wollen. Darin unterscheide ich mich von Malebranche.

Mo~~I~~X 549. Denke daran, Locke B. 4 Kap. 4 genau zu erörtern.

549a. Es handelt von der Wirklichkeit der Erkenntnis.

M 550. Denke daran, immer wieder die Lehre von der Realität der Dinge, *rerum natura* [die Natur der Dinge] usw. zu erwähnen und zu erläutern.

M~~I~~+ 551. Was ich sage, ist Beweis, vollkommener Beweis. Jedes Mal, wenn die Menschen feste und bestimmte Vorstellungen mit ihren Wörtern verknüpft haben, können sie kaum im Irrtum sein. Man halte sich nur an meine Definition von Ähnlichkeit, und man hat einen Beweis, daß Farben keine einfachen Vorstellungen sind, da alle Rot ähnlich sind usw. So auch bei anderen Dingen. Dies ist kräftig hervorzuheben.

E 552. Die einfachen Leute denken niemals an die abstrakte Vorstellung von Sein oder Existenz. Sie verwenden niemals solche Wörter, die für abstrakte Vorstellungen stehen.

I 553. Ich darf nicht behaupten, die Wörter „Ding", „Substanz" usw. seien die Ursache von Irrtümern gewesen, sondern die Nichtbeachtung ihrer Bedeutung. Ich werde ruhig für die Beibehaltung der Wörter sein. Ich wünsche nur, daß die Menschen denken, bevor sie sprechen, und die Bedeutung ihrer Wörter festlegen.

+Mo 554. Ich stimme dem nicht zu, was Locke behauptet, nämlich daß Wahrheit in der Verbindung und Trennung von
X Zeichen besteht.

I 555. Locke kann allgemeine Wahrheit oder Erkenntnis nicht erklären, ohne Wörter und Aussagen zu behandeln. Dies unterstützt mich gegen allgemeine Vorstellungen. S. Locke B. 4 K. 6.

I 556. Die Menschen sind sehr fleißig beim Fortschritt gewesen. Sie haben einen großen Weg zurückgelegt, aber wenige oder keine sind hinter die Prinzipien zurückgegangen. Auf dieser Seite liegt viel *terra incognita*, um von mir durchwandert und entdeckt zu werden. Ein weites Feld für den Erfindergeist.

X 557. Zwölf Zoll nicht dieselbe Vorstellung wie ein Fuß, weil jemand einen Fuß vollkommen begreifen kann, der niemals an einen Zoll gedacht hat.

X 558. Ein Fuß ist gleich oder dasselbe wie zwölf Zoll in folgender Hinsicht, nämlich sie enthalten beide dieselbe Anzahl von Punkten.

\+ 559. (Insofern als) sie verwendet werden.

560. Denke daran, etwas zu erwähnen, was zum Studium der Staatswissenschaft anregen und von mir bezeugen kann, daß ich ihr wohlgesinnt bin.

I 561. Wenn die Menschen nicht Wörter für Vorstellungen

verwendet hätten, hätten sie niemals an abstrakte Vorstellungen gedacht. *genera et species* [Gattungen und Arten] sind sicherlich keine abstrakten allgemeinen Vorstellungen. Diese enthalten in ihrem Wesen einen Widerspruch. S. Locke B. 4 § 9 K. 7.

\+ 562. Eine mannigfaltige und gemischte Ursache muß notwendigerweise eine mannigfaltige und gemischte Wirkung hervorbringen. Dies ist aus der Definition von Ursache beweisbar, von welcher Art der Beweisführung in meiner Abhandlung häufig Gebrauch gemacht werden muß, und zu diesem Zweck sind oft Definitionen vorauszuschicken. Hieraus ist evident, daß nach Newtons Lehre Farben keine einfachen Vorstellungen sein können.

M 563. Von allen Menschen bin ich am weitesten vom Skeptizismus entfernt. Ich erkenne mit einer intuitiven Erkenntnis die Existenz anderer Dinge ebensogut wie die meiner eigenen Seele. Das ist etwas, was weder Locke noch kaum irgend ein anderer denkender Philosoph beanspruchen wird.

I 564. Abstraktionslehre von sehr übler Konsequenz in allen Wissenschaften. Denke an Bacons Bemerkung.
Was völlig auf Sprache zurückzuführen ist. . .

\+ 565. Locke sehr im Irrtum, indem er die Registrierung unserer Vorstellungen durch Wörter zum Gebrauch und nicht zum Mißbrauch der Sprache rechnet.

I 566. Von großem Nutzen und der höchsten Bedeutung, über einen Menschen nachzusinnen, der mit bewundernswerten Fähigkeiten alleine in die Welt gesetzt ist, und zu sehn, wie er nach langer Erfahrung ohne Wörter erkennen würde. Ein solcher würde niemals an *genera et species* [Gattungen und Arten] oder abstrakte allgemeine Vorstellungen denken.

I 567. Bewundernswert an Locke, daß er in vorgerücktem Alter überhaupt durch einen Nebel sehen konnte, der sich so lange angesammelt hatte und folglich dicht war. Darüber muß man sich mehr wundern, als daß er nicht weiter gesehen hat.

\+ 568. Identität von Vorstellungen kann auf zweifache Weise verstanden werden, entweder einschließlich oder ausschließlich der Identität der Umstände wie Zeit, Ort usw.

Mo 569. Ich freue mich, daß die Leute, mit denen ich mich unterhalte, nicht alle reicher, weiser usw. sind als ich. Das ist vereinbar mit Vernunft, ist keine Sünde. Es ist sicher: wenn das Glück meines Bekannten wächst und meines nicht proportional damit, muß meines abnehmen. Das Unverständnis dafür und die mit French, Madden usw. diskutierte Lehre vom relativ Guten sind als zwei Ursachen von Irrtümern bei der Beurteilung von moralischen Angelegenheiten zu erwähnen.

\+ 570. Denke daran, (wenn du von der Einteilung der Vorstellungen in einfache und komplexe sprichst) zu erwähnen, daß es außer der von Locke angegebenen noch eine andere Ursache der Undefinierbarkeit gewisser Vorstellungen geben kann, nämlich den Mangel an Namen.

M 571. Denke daran, das erste Buch nicht mit der Erwähnung von Empfindung und Reflexion zu beginnen, sondern an ihre Stelle Wahrnehmung oder Denken im allgemeinen zu gebrauchen.

S 572. Ich fordere jedermann heraus, sich Wahrnehmung ohne eine Vorstellung oder eine Vorstellung ohne Wahrnehmung vorzustellen oder sie zu erfasen.

E 573. Schon Lockes Voraussetzung, daß Materie und Bewegung vor dem Denken existieren sollten, ist absurd, enthält einen handgreiflichen Widerspruch.

X 574. Lockes flammende Worte über zusammenhängende, methodische Abhandlungen, die zu nichts führen, auf die Mathematiker angewandt.

X 575. Sie sprechen von Festlegung aller Punkte einer Kurve durch eine Gleichung. Was meinen sie damit? Was wollten sie mit dem Wort „Punkte“ bezeichnen? Halten sie sich an die Definition von Euklid?

S 576. Wir meinen, daß wir die Seele nicht erkennen, weil wir keine mit diesen Lauten verknüpfte anschauliche oder wahrnehmbare Vorstellung haben. Dies die Wirkung eines Vorurteils.

S 576a. Gewiß erkennen wir sie nicht. Das ist klar, wenn wir prüfen, was wir mit dem Wort „Erkenntnis“ meinen. Dies bezeugt ebensowenig einen Mangel in unserer Erkenntnis wie unsere Unkenntnis eines Widerspruchs.

+ 577. Schon die Existenz von Vorstellungen ist konstitutiv für die Seele.

S 578. Bewußtsein, Wahrnehmung, Existenz von Vorstellungen scheinen alle dasselbe zu sein.

+ 579. Befragt, durchstöbert euren Verstand! Was findet ihr da außer verschiedenen Wahrnehmungen oder Gedanken? Was meint ihr mit dem Wort „Geist“? Ihr müßt etwas meinen, was ihr wahrnehmt oder was ihr nicht wahrnehmt. Ein nicht wahrgenommenes Ding ist ein Widerspruch. Ein Ding zu meinen, was ihr nicht wahrnehmt, ist (ebenfalls) ein Widerspruch. Wir werden in dieser ganzen Angelegenheit seltsam von Wörtern getäuscht.

+ 580. Geist ist eine Anhäufung von Wahrnehmungen. Nehmt die Wahrnehmungen weg, und ihr nehmt den Geist weg. Setzt die Wahrnehmungen, und ihr setzt den Geist.

+ 581. Behauptet ihr, der Geist sei nicht die Wahrnehmungen, sondern das Ding, was wahrnimmt, so erwidere ich, daß ihr von den Wörtern „das“ und „Ding“ getäuscht werdet. Diese sind undeutliche, leere Wörter ohne eine Bedeutung.

S 582. Das Vorstellungen-haben ist nicht dasselbe wie Wahrnehmung. Jemand kann Vorstellungen haben, wenn er sie sich nur einbildet. Aber dann setzt diese Einbildung Wahrnehmung voraus.

M 583. Was uns im Vorurteil äußerst bestärkt, ist, daß wir meinen, einen leeren Raum zu sehen. Im dritten Buch werde ich beweisen, daß das falsch ist.

Ɨ 584. Sogar in der Theologie können Beweise verwendet werden. Ich meine, in der Offenbarungstheologie als einer, die zur natürlichen im Gegensatz steht. Denn obwohl die Prinzipien im Glauben gegründet sein können, hindert dies doch nicht, daß auf sie legitime Beweise gebaut werden könnten; immer noch vorausgesetzt, daß wir die Wörter, die wir gebrauchen, definieren und nicht über unsere Vorstellungen hinausgehen. Daher wäre es für diejenigen, die die Ansicht vertreten, das Episkopat oder die Monarchie müßten *jure Divino* [mit göttlichem Recht] errichtet werden, keine sehr schwierige Sache, ihre Lehren zu beweisen, wenn sie wahr sind. Aber den Anspruch zu erheben, irgendetwas über die Trinität zu beweisen oder mit Vernunft zu erschließen, ist absurd. Hier geziemt uns ein blinder Glaube.

S 585. Frage: Wenn es irgendeinen wirklichen Unterschied zwischen gewissen Vorstellungen der Reflexion und anderen der Empfindung gibt, z. B. zwischen Wahrnehmung und Weiß, Schwarz, Süß usw., bitte ich Sie: worin besteht der Unterschied zwischen der Wahrnehmung von Weiß und Weiß?

Ɨ 586. Ich werde alle meine Lehren beweisen. Die Natur der Beweisführung ist in der Einleitung darzulegen und hervorzuheben. Darin muß ich mich notwendigerweise von Locke unterscheiden, insofern als er jede Beweisführung zu einer über abstrakte Vorstellungen macht, die wir, wie ich behaupte, nicht haben und nicht haben können.

S 587. Der Verstand scheint sich nicht von seinen Wahrnehmungen oder Vorstellungen zu unterscheiden. Frage: Was muß man von dem Willen und den Gemütsbewegungen halten?

E 588. Ein guter Beweis, daß Existenz nichts ohne oder verschieden von Wahrnehmung ist, kann daraus gezogen werden, daß man einen Menschen betrachtet, der ohne Gesellschaft in die Welt gesetzt ist.

E 589. Es gab einen Geruch, d. h. es gab einen wahrgenommenen Geruch. So sehen wir, daß die gewöhnliche Sprache meine Lehre bestätigt.

T 590. Keine unterbrochenen Todes- oder Vernichtungsintervalle. Solche Intervalle sind nichts, da die Zeit einer jeden Person für sie durch ihre eigenen Vorstellungen gemessen wird.

I 591. Wir stehen häufig vor einem Rätsel und sind in Verlegenheit bei der Beschaffung von klaren und bestimmten Bedeutungen für Wörter, die gewöhnlich im Gebrauch sind, und das, weil wir uns einbilden, daß Wörter für allgemeine Vorstellungen stehen, die vollkommen unerfaßbar sind.

I 592. „Ein Stein ist ein Stein." Das ist ein unsinniger Satz, und ein solcher, an den der einsame Mensch niemals denken würde. Ich glaube auch nicht, daß er jemals an folgenden denken würde, nämlich „Das Ganze ist gleich seinen Teilen" usw.

E 593. Es soll nicht behauptet werden, daß ich die Existenz beseitige. Ich erkläre nur die Bedeutung des Wortes, so weit wie ich es verstehen kann.

I 594. Wenn man die Abstraktion beseitigt, wie unterscheiden sich Menschen von Tieren? Ich antworte: durch Gestalt, durch Sprache, besser: durch Grade des Mehr und Weniger.

\+ 595. Was meint Locke mit „Schlüssen in Wörtern", „Konsequenzen aus Wörtern" als etwas, das von Konsequenzen aus Vorstellungen unterschieden ist? Ich begreife so etwas nicht.

I 596. N.B. viele Klagen über die Unvollkommenheit der Sprache.

M 597. Doch vielleicht könnte jemand behaupten, es könne eine träge, gedankenlose Substanz existieren, zwar nicht ausgedehnt, bewegt usw., aber mit anderen Eigenschaften, wovon wir keine Vorstellung haben. Doch ich werde sogar dieses als unmöglich beweisen, wenn ich die Existenz mehr im Einzelnen behandeln werde.

\+ 598. Bei Locke Wille nicht richtig von Begehren unterschieden, da er scheinbar nichts zur Vorstellung einer Handlung hinzufügt als das Unbehagen wegen ihrer Abwesenheit oder Nichtexistenz.

S 599. Denke daran, sorgfältig jenes seltsame Geheimnis zu erforschen, nämlich wie es kommt, daß ich nachsinnen, nachdenken kann über diesen oder jenen Menschen, Ort, Handlung, wenn nichts in Erscheinung tritt, um sie in meine Gedanken einzuführen, wenn sie keine wahrnehmbare Verbindung mit den Vorstellungen haben, die gegenwärtig durch meine Sinne nahegelegt sind.

I 600. Man kann es sich nicht ausmalen, welch eine erstaunliche Leere und Knappheit an Vorstellungen jener Mensch entdecken würde, der auf jeglichen Gebrauch von Wörtern bei seinen Überlegungen verzichtete.

M 601. Ungereimt bei Locke, sich vorzustellen, uns fehlte ein besonderer Sinn, um damit Substanzen zu sehen.

I 602. Locke gibt zu, daß abstrakte Vorstellungen zum Zwecke der Benennung geschaffen wurden.

1XM 603. Der gewöhnliche Irrtum der Optiker, daß wir Entfernung durch Winkel beurteilen, bestärkt die Menschen in ihrem Vorurteil, daß sie Dinge außerhalb und entfernt von ihrem Geist sehen.

E 604. Ich bin überzeugt, würden die Menschen nur prüfen,

was sie mit dem Wort „Existenz“ meinen, würden sie mit mir übereinstimmen.

X 605. K. 20 § 8 B. 4 bei Locke wirkt für mich gegen die Mathematiker.

M 606. Die Annahme, daß Dinge von Vorstellungen verschieden sind, beseitigt alle wirkliche Wahrheit und führt folglich zu einem universalen Skeptizismus, da all unser Erkennen und Nachdenken auf unsere eigenen Vorstellungen allein beschränkt ist.

I 607. Frage, ob der einsame Mensch es nicht notwendig fände, Gebrauch von Wörtern zu machen, um seine Vorstellungen zu registrieren, wenn nicht beim Gedächtnis oder Überlegen, so doch wenigstens beim Schreiben, ohne das er seine Erkenntnis kaum aufbewahren könnte.

\+ 608. Wir lesen in der Geschichte, es gab eine Zeit, in der „Angst“ und „Neid“, „Privilegien des Parlaments“, „Böswillige Partei“ und derartige Ausdrücke mit einer zu unbestimmten und zweifelhaften Bedeutung sehr einflußreiche Wörter waren. Auch die Wörter „Kirche“, „Whig“, „Tory“ usw. tragen sehr viel zu Zwietracht und Streit bei.

S 609. Die Unterscheidung zwischen einer Vorstellung und Wahrnehmung der Vorstellung ist eine wichtige Ursache dafür gewesen, sich materielle Substanzen einzubilden.

S 610. Daß Gott und selige Geister [spirits] Willen haben, ist ein handgreifliches Argument gegen Lockes Beweise, daß es unvorstellbar sei, daß der Wille ohne ein vorhergehendes Unbehagen in Aktion gesetzt werde.

S 611. Der Willensakt oder das Wollen ist nicht Unbehagen, weil Unbehagen ohne Wollen sein kann.

S 611a. Es ist nicht ganz so evident, daß eine Vorstellung oder wenigstens ein Unbehagen ohne jedes Wollen oder jeden Akt sein kann.

S 612. Aus demselben Grunde ist Wollen von dem Objekt oder der Vorstellung verschieden.

S 613. Auch von Unbehagen und Vorstellung zusammen.

‡ 614. Der Verstand nicht von einzelnen Wahrnehmungen oder Vorstellungen verschieden.

* 614a. Der Verstand, genommen als eine Fähigkeit, ist von dem Willen nicht wirklich verschieden.

‡ 615. Der Wille von einzelnen Willensakten nicht verschieden.

* 615a. Dies später geändert.

S 616. Zu fragen, ob ein Mensch jede von zwei Seiten wollen kann, ist eine absurde Frage, denn das Wort „kann" setzt Wollen voraus.

N 617. Anima mundi [Weltseele], substantiale Formen, allwissendes Urfeuer, plastische Kraft, hylarchisches Prinzip, all diese verschwinden.

M 618. Newton beweist, daß Schwerkraft proportional zu Schwerkraft ist. Ich meine, das ist alles.

\+ 619. Frage, ob es die *vis inertiae* [Trägheitskraft] sei, die es schwierig macht, einen Stein zu bewegen, oder die *vis attractrix* [Anziehungskraft] oder beide oder keine von beiden.

620. Denke daran, die Lehren so ausführlich, umfassend und klar wie möglich auszudrücken, auch ausführlich und genau bei der Beantwortung von Einwänden zu sein.

S 621. Zu sagen: „Der Wille ist eine Kraft, Wollen ist ein Akt" das ist *idem per idem* [dasselbe durch dasselbe].

\+ 622. Was bewirkt, daß die Menschen Ausdehnung, Bewegung usw. verachten und sie von dem Wesen der Seele trennen, ist, daß sie sich einbilden, jene seien vom Denken verschieden und existierten in einer nicht denkenden Substanz.

\+ 623. Ein Ausgedehntes kann passive Zustandsbestimmungen des Denkens haben, nicht aktive.

\+ 624. Es könnte Vorstellung geben, es könnte Unbehagen geben, es könnte das größte Unbehagen geben ohne irgendein Wollen, deswegen...

M.+ 625. Materie einmal zugelassen, fordere ich jedermann heraus, zu beweisen, daß Gott nicht Materie ist.

S 626. Der Mensch ist frei. Es gibt keine Schwierigkeit in diesem Satz, wenn wir nur die Bedeutung des Wortes „frei" festsetzen, – falls wir eine mit dem Wort „frei" verknüpfte Vorstellung hätten und nur über diese Vorstellung nachdenken würden.

S 627. Wir werden beschwindelt durch die Wörter „Wille", „bestimmen", „agens", „frei", „kann" usw.

S 628. Nicht jedem Wollen geht Unbehagen voraus. Das ist durch Erfahrung evident.

S 629. Verfolge ein Kind im Mutterleib, achte auf die Kette und Abfolge seiner Vorstellungen, beobachte, wie Wollen in den Geist kommt! Das kann dich vielleicht mit deiner Natur vertraut machen.

S 630. Eher scheint Wohlbehagen als Unbehagen das Wesen von Wollen zu bestimmen oder ihm vorauszugehen oder mit ihm zusammenzufallen oder es zu konstituieren.

S 631. Man sagt mir, nach meiner Lehre sei ein Mensch nicht frei. Ich antworte: „Sagt mir, was ihr mit dem Wort „frei" meint, und ich werde es euch auflösen."

N 632. Frage: Was meinen die Menschen, wenn sie von der Berührung eines Körpers mit einem anderen sprechen? Ich behaupte, ihr saht niemals einen Körper berühren, oder (besser) ich behaupte, ich sah niemals einen Körper, von dem ich behaupten könnte, daß er diesen oder jenen anderen Körper berührte, denn, wenn meine Augen verbessert wären, würde ich Zwischenräume und andere Körper zwischen jenen sehen, die sich jetzt zu berühren scheinen.

X 633. Denke daran, bei allen Gelegenheiten mit der größten Bescheidenheit zu verfahren, die Mathematiker mit der größten Höflichkeit und Hochachtung zu widerlegen, sie nicht „Nihilarianer“ zu titulieren usw.

634. N.B. dein satirisches Wesen zu zügeln.

S 635. Es ist töricht, Wollen als einen Akt des anordnenden Geistes zu definieren, denn weder Akt noch Anordnung selbst können ohne Wollen verstanden werden.

636. Tadelt mich nicht, wenn ich meine Wörter manchmal in einer gewissen Weise gebrauche. Es ist etwas, was sich nicht ändern läßt. Es ist der Fehler der Sprache, daß ihr nicht immer die klare und bestimmte Bedeutung meiner Wörter verstehen könnt.

\+ 637. Behauptet ihr, es muß eine denkende Substanz geben, etwas Unbekanntes, was die Vorstellungen wahrnimmt, trägt und zusammenbindet, so behaupte ich, macht es offenbar, daß es eine Notwendigkeit dafür gibt, und ihr habt meinetwegen den Sieg. Ich will nicht irgendetwas wegnehmen, von dem ich nur den geringsten Grund für die Meinung sehen kann, es sollte existieren.

\+ 638. Ich behaupte, es ist offenbar absurd; keine Entschuldigung in der Welt kann dafür gegeben werden, warum man ein Wort ohne eine Vorstellung verwenden sollte. Wir werden gewiß finden, daß jedes Wort, das wir im Bereich der reinen Vernunft verwenden, eine vollständige Vorstellung hat oder haben sollte, die mit ihr verknüpft ist, d. h. seine Bedeutung oder der Sinn, in dem wir es nehmen, muß vollständig bekannt sein.

\+ 639. Es ist beweisbar, daß ein Mensch niemals dazu gebracht werden kann, sich einzubilden, etwas existiere, wovon er keine Vorstellung hat. Wer immer behauptet, er tue es, täuscht sich selbst mit Wörtern.

G 640. Wir stellen uns einen großen Unterschied und Abstand zwischen einem Menschen und einem Wurm bezüglich der Erkenntnis, Kraft usw. vor. Der gleiche Abstand oder ein unendlich größerer kann zwischen dem Menschen und Gott vorgestellt werden.

G 641. Wir finden in unserem eigenen Geist eine große Anzahl von verschiedenen Vorstellungen. Wir können in Gott eine größere Anzahl vorstellen, d. h. daß unsere der Anzahl nach oder die Anzahl von unseren in Bezug darauf unbedeutend ist. Die Wörter „Verschiedenheit“ und „Anzahl“ – alt und bekannt – wenden wir auf das an, was unbekannt ist, aber ich verliere mich in Wörtern. Es ist kaum möglich, daß es anders ist.

642. Die Hauptsache, die ich tue oder zu tun beanspruche, ist nur, den Nebel oder Schleier von Wörtern zu beseitigen. Er hat Unwissenheit und Verwirrung verursacht. Er war der Ruin der Scholastiker und Mathematiker, Juristen und Theologen.

S 643. Die Hauptursache der Verlegenheit und Dunkelheit bei der Behandlung des Willens ist, daß wir uns vorstellen, er sei ein Objekt des Denkens, daß wir (populär gesprochen) meinen, wir könnten ihn wie irgendeine unserer Vorstellungen wahrnehmen, über ihn nachdenken und ihn anschauen, während er in Wahrheit keine Vorstellung ist. Es gibt auch keine Vorstellung von ihm. Er ist *toto coelo* verschieden von dem Verstand, d. h. von all unseren Vorstellungen. Wenn man behauptet, der Wille oder besser ein Willensakt sei etwas, so antworte ich: Es gibt in dem Wort „Ding“ eine Homonymie, wenn es auf Vorstellungen, Willensakte, Verstand und Willen angewandt wird. Alle Vorstellungen sind passiv, Willensakte aktiv . . .

S 644. „Ding“ und „Vorstellung“ sind ungefähr etwas wie

Wörter von demselben Umfang und derselben Bedeutung. Warum verwende ich also nicht das Wort „Ding"? Antwort: weil „Ding" von größerer Weite als „Vorstellung" ist. „Ding" umfaßt auch Willensakte oder Handlungen. Nun sind diese keine Vorstellungen.

S 645. Es kann Wahrnehmung ohne Wollen geben. Frage, ob es Wollen ohne Wahrnehmung geben kann.

E 646. Existenz nicht ohne Wahrnehmung oder Wollen begreifbar, nicht davon unterschieden.

T 647. N.B. Durch Sehen und Tasten können mehrere deutliche Vorstellungen auf einmal wahrgenommen werden. Nicht so durch die anderen Sinne. Es ist diese Verschiedenheit von Empfindungen – hauptsächlich in anderen Sinnen, aber manchmal auch im Tasten und Sehen (wie auch die Verschiedenheit von Willensakten, wovon es nicht mehr als einen auf einmal geben kann, oder besser scheinbar nicht geben kann, denn daran zweifle ich) – die uns die Zeitvorstellung gibt oder selbst Zeit ist.

X 648. Was würde der einsame Mensch über Zahl denken?

S 649. Es gibt angeborene Vorstellungen, d. h. mit uns erschaffene Vorstellungen.

S 650. Locke scheint sich zu irren, wenn er behauptet, Denken sei für den Geist nicht wesentlich.

651. Gewiß denkt der Geist immer und ständig, und das wissen wir auch. Beim Schlaf und bei Bewußtlosigkeit existiert der Geist nicht, es gibt keine Zeit, keine Sukzession von Vorstellungen.

S 652. Zu behaupten, der Geist existiere, ohne zu denken, ist ein Widerspruch, Unsinn, nichts.

S 653. Töricht, nach dem zu forschen, was den Willen bestimmt. Unbehagen usw. sind Vorstellungen, deswegen inaktiv, deswegen können sie nichts tun, deswegen können sie nicht den Willen bestimmen.

S 654. Noch einmal: Was meint ihr mit „bestimmen"?

N.T. 655. Aus Mangel an richtigem Verständnis der Zeit, Bewegung, Existenz usw. sind die Menschen zu so absurden Widersprüchen gezwungen wie z. B. diesem: Licht legt in einer Sekunde 16 Erddurchmesser zurück.

S 656. Es war die Ansicht, daß Vorstellungen nicht-wahrgenommen oder vor ihrer Wahrnehmung existieren könnten, die bewirkte, daß die Menschen Wahrnehmung für etwas von der wahrgenommenen Vorstellung Verschiedenes hielten, daß sie eine Reflexionsvorstellung sei, während das wahrgenommene Ding eine Empfindungsvorstellung sei. Das war es, behaupte ich, was sie denken ließ, der Verstand nähme es in sich auf, empfange es von außen, was niemals sein könnte, dächten sie nicht, es existiere draußen.

S 657. Zu fragen, ob wir von dem Willen oder Wollen eine Vorstellung haben, ist Unsinn. Eine Vorstellung kann nur einer Vorstellung ähnlich sein.

M 657a. Eigentlich gesprochen: Vorstellung ist das Bild vom Werk der Einbildungskraft, d. h. das Abbild der wirklichen Vorstellung oder (wenn man will) des Dinges und darauf bezogen.

S 658. Wenn man fragt, welches Ding es ist, das will, antworte ich: Wenn man mit dem Wort „Ding" eine Vorstellung oder irgendetwas einer Vorstellung Ähnliches meint, dann behaupte ich, es ist überhaupt kein Ding, das will. Das ist, wie überspannt es auch immer scheinen mag, dennoch eine sichere Wahrheit. Wir werden betrogen durch so allgemeine Ausdrücke wie „Ding", „ist" usw.

S+ 659. Noch einmal: Wenn man mit „ist" meint „ist wahrgenommen“ oder „nimmt wahr“, behaupte ich, nichts, was wahrgenommen wird oder wahrnimmt, will.

S 660. Das Beziehen von Vorstellungen auf Dinge, die keine Vorstellungen sind, der Gebrauch des Ausdrucks „Vorstellung von“ ist, wie in anderen Fällen, so auch hier, eine wichtige Irrtumsursache.

S 661. Es gibt gewisse Wörter, die nicht für Vorstellungen stehen, z. B. Partikel, „Wille“ usw.

S 661a. Partikel stehen für Willensakte und ihre begleitenden Vorstellungen.

+ 662. Es scheint nur zwei Farben zu geben, die einfache Vorstellungen sind, nämlich jene, die durch die am stärksten und am schwächsten brechbaren Strahlen dargestellt werden, denn die mittleren können durch Zusammensetzung gebildet werden.

S 663. Ich habe keine Vorstellung von einem Wollen oder Geistesakt, ebensowenig hat sie irgendein anderes geistiges Wesen, denn das wäre ein Widerspruch.

+ 664. N.B. Einfache Vorstellungen, nämlich Farben, sind nicht frei von jeder Art der Zusammensetzung, obwohl man zugeben muß, daß sie nicht aus unterscheidbaren Vorstellungen gebildet sind. Doch es gibt eine andere Art der Zusammensetzung. Man pflegt jene Dinge „zusammengesetzt“ zu nennen, bei denen wir die Bestandteile nicht wirklich herausfinden. Von Körpern sagt man, sie seien aus chemischen Grundbestandteilen zusammengesetzt, die trotzdem bis zur Auflösung der Körper nicht sichtbar werden und die in den Körpern nicht unterschieden sind, nicht unterschieden werden können, solange diese ganz bleiben.

S 665. Wenn man mit „Vorstellung“ ein Objekt des Verstandes meint, dann ist der Wille gewiß keine Vorstellung, oder wir haben keine mit dem Wort „Wille“ verbundene Vorstellung.

I 666. Nach Locke geht all unsere Erkenntnis über besondere Vorstellungen. All unsere Empfindungen sind besondere Vorstellungen, wie evident ist. Welchen Gebrauch machen wir dann von allgemeinen Vorstellungen, da wir sie weder erkennen, noch wahrnehmen?

S 667. Es wird zugegeben, daß Partikel nicht für Vorstellungen stehen, und doch behauptet man nicht, es seien leere, nutzlose Laute. Die Wahrheit dabei ist, sie stehen für die Operationen des Geistes, d. h. Willensakte.

Mo. 668. Locke behauptet, all unsere Erkenntnis beziehe sich auf Besonderes. Wenn dem so ist, was ist, bitte, die folgende Schlußfolgerung anders als ein Wirrwarr von Wörtern? „*Omnis homo est animal, omne animal vivit, ergo omnis homo vivit.* [Jeder Mensch ist ein Lebewesen, jedes Lebewesen lebt, also lebt jeder Mensch]". Es läuft (wenn man mit den Wörtern „animal" und „vivit" besondere Vorstellungen verbindet) auf nicht mehr hinaus als: „*omnis homo est homo, omnis homo est homo, ergo omnis homo est homo* [jeder Mensch ist ein Mensch, jeder Mensch ist ein Mensch, also ist jeder Mensch ein Mensch]." Ein bloßer Spaß und Spielerei mit Lauten.

Mo 669. Wir haben keine Vorstellungen von Tugenden und Lastern, keine Vorstellungen von moralischen Handlungen, weswegen gefragt werden könnte, ob wir in der Lage sind, inbezug auf sie zu einem Beweis zu gelangen, da Moralität hauptsächlich im Wollen besteht.

E 670. Merkwürdig ist es, daß die Menschen außerstande sein sollten, ihre Vorstellungen von Existenz zu finden, da sie (wenn es eine solche unterschieden von der Wahrnehmung gibt) auf allen Wegen der Empfindung und Reflexion in den Geist gebracht wird. Mir scheint, sie sollte uns äußerst vertraut und wir mit ihr bestens bekannt sein.

E 671. Dessen bin ich gewiß, ich habe keine solche oder mit dem Wort „Existenz" verknüpfte Vorstellung von Existenz. Und wenn andere sie haben, bedeutet das nichts für mich. Sie können mir niemals eine Empfindung davon verschaffen, da einfache Vorstellungen nicht durch Sprache mitteilbar sind.

S 672. Behauptet man, das unbekannte Substratum von Willensakten und Vorstellungen sei etwas, wovon ich keine Vorstellung habe, so frage ich, gibt es irgendein anderes Wesen, das eine Vorstellung davon hat oder haben kann? Wenn es das gibt, dann muß es selbst eine Vorstellung sein, was man für absurd halten wird.

S 672a. In den meisten Wahrnehmungen gibt es etwas Aktives, d. h. in solchen, die auf unsere Willensakte folgen, in solchen, die wir verhindern und hemmen können. Z. B.: Ich wende meine Augen zur Sonne. Ich öffne sie. All das ist aktiv.

S 673. Dinge sind zweifach: aktiv oder inaktiv. Die Existenz der aktiven Dinge ist zu handeln, die der inaktiven wahrgenommen zu werden.

S.E. 674. Verschieden von oder außerhalb von Wahrnehmung gibt es kein Wollen; deswegen ist auch ihre Existenz (nämlich der Dinge) nicht ohne Wahrnehmung.

G 675. Gott kann alle Vorstellungen begreifen, sogar die Vorstellungen, die schmerzlich und unerfreulich sind, ohne dadurch im geringsten schmerzlich berührt zu werden. So können wir uns den Schmerz einer Brandwunde usw. vorstellen, ohne jedes Elend oder Unbehagen.

+.N. Mo.X 676. Wahrheit, drei Arten davon: Natürliche, mathematische und moralische.

+Mo X 677. Übereinstimmung der Relation nur, wo Zahlen regieren, der Koexistenz in der Natur, der Bedeutung oder des Einschließens oder des Denkens mit Hilfe des Einschließens in der Moralität.

I 678. Ein Riese, der den Berg, der auf ihm liegt, erschüttert, verdient Anerkennung. Ich – oder besser: Folglich bin ich ebensowenig für stärker als Locke zu halten, wie ein Zwerg für stärker als ein Riese zu halten ist, weil er den Maulwurfshügel, der auf ihm lastete, abwerfen konnte, und der Riese den Berg, der ihn bedrückte, nur erschüttern oder anstupsen konnte. Dies im Vorwort.

I 679. Ankündigung, unsere Erkenntnis auszudehnen und sie von jenen beschämenden Widersprüchen, die sie in Verlegenheit bringen, zu reinigen. Etwas wie dieses, um die Einleitung auf eine bescheidene Weise zu beginnen.

I 680. Jeder, der beansprucht, einen Teil zu kritisieren – ich wünsche, er läse das Ganze durch, sonst könnte er mich vielleicht nicht verstehen. Im Vorwort oder in der Einleitung.

S 681. Identitätslehre am besten dadurch erklärt, daß man den Willen für Willensakte nimmt, den Verstand für Vorstellungen. Die Schwierigkeit vom Bewußtsein dessen, was niemals getan worden ist, dadurch mit Sicherheit gelöst.

I 682. Ich muß mich selbst erkenntlich erweisen, indem ich den Philosophen, die mir vorangegangen sind, dankbar bin. Sie haben gute Regeln angegeben, obwohl sie diese vielleicht nicht immer beachten. Gleichnis von Abenteurern, die, obwohl sie selbst den gewünschten Hafen nicht erreichten, durch ihre Wracks die Klippen und Sandbänke kenntlich gemacht haben, womit die Durchfahrt von Nachkommenden sicherer und leichter gemacht wurde. Vorwort oder Einleitung.

Mo 683. Die Meinung, daß die Menschen Vorstellungen von sittlichen Handlungen hätten, hat ihnen die beweisende Ethik sehr schwer gemacht.

S 684. Eine Vorstellung kann, da sie selbst inaktiv ist, nicht das Ähnlichkeits- oder Abbild von Aktivem sein.

I 685. In der Einleitung eine Entschuldigung anzubringen wegen der Verwendung des Wortes „Vorstellung“, nämlich, weil es sich durchgesetzt hat. Aber eine Warnung muß beigefügt werden.

‡ 686. Bibel und Möglichkeit sind bei Malebranche die einzigen Beweismittel. Man füge zu ihnen noch hinzu, was er „eine große Neigung, so zu denken" nennt. Das kann vielleicht bezweifelt werden. Vielleicht wird man die Menschen, wenn sie denken, bevor sie sprechen, nicht so völlig von der Existenz der Materie überzeugt finden.

M 686a. Nach reiflicher Überlegung befinde ich mich am anderen Extrem. Ich bin dessen gewiß, woran Malebranche zu zweifeln scheint, nämlich der Existenz von Körpern.

I.etc. 687. Denke daran, den vernichtenden Schlag zuletzt auszuführen, z. B. Lockes allgemeines Dreieck bei der Frage der Abstraktion zuletzt zu bringen.

I 688. Sie geben gute Regeln an, obwohl sie diese vielleicht selbst nicht immer beachten. Sie reden viel von klaren und deutlichen Vorstellungen, obwohl sie zur selben Zeit von allgemeinen, abstrakten Vorstellungen usw. reden. Ich werde mich Lockes Meinung von der Abstraktion hingeben, da er der klarste Autor ist, auf den ich je gestoßen bin. Dieser große Mann war von einer solchen Aufrichtigkeit, daß ich überzeugt bin, wäre er noch am Leben, wäre er nicht beleidigt, daß ich von ihm abweiche, weil er sähe, daß ich sogar mit diesem Verhalten seinem Hinweis folge, nämlich mein eigenes Urteil zu gebrauchen, mit meinen eigenen Augen und nicht mit denen eines anderen zu sehen. Einleitung.

S 689. Das Wort „Ding", sofern es Vorstellung und Willensakt umfaßt oder dafür steht, nützlich; sofern es für Vorstellung und Archetyp ohne den Geist steht, schädlich und nutzlos.

Mo 690. Um die Sittenlehre zu beweisen, braucht man, wie es scheint, nur ein Wörterbuch anzulegen und nachzusehen, welches Wort welches einschließt. Mindestens ist dieses der größte Teil und die Hauptmasse der Arbeit.

+Mo. 691. Lockes Beispiele von Beweisen in der Sittenlehre sind nach seiner eigenen Regel läppische Aussagen.

P.S. 692. Frage: Wie kommt es, daß von allen zugestandenermaßen hingenommen wird, daß einige Vorstellungen nur in dem Geist sind und andere, wie man allgemein annimmt, ohne den Geist sind, wenn doch nach Ihnen alle gleichermaßen und nur im Geist sind? Antwort: Weil die Vorstellungen proportional zu Lust und Schmerz von Wunsch, Abneigung und anderen Tätigkeiten, die Wollen einschließen, begleitet werden. Von allen wird nun zugegeben, daß Wollen im Geistwesen liegt.

I 693. Würden die Menschen beim Denken die Wörter beiseite legen, würden sie sich unmöglich jemals irren, mit der einzigen Ausnahme von Tatsachen. Nach meiner Meinung scheint es unmöglich, daß sie von irgendetwas überzeugt und sicher sein könnten, es sei wahr, was in Wahrheit nicht so ist. Ich kann mich bei einer einfachen Wahrnehmung gewiß nicht irren. Soweit wie wir in einer Beweisführung ohne die Hilfe von Zeichen gehen können, haben wir sichere Erkenntnis. Bei langen, mit Hilfe von Zeichen ausgeführten Ableitungen kann es allerdings Gedächtnisfehler geben.

Mo. 694. Aus meiner Lehre ergibt sich ein Mittel gegen Stolz. Wir sind nur für solche Dinge zu loben, die unsere eigenen sind, oder für unser eigenes Tun. Angeborene Fähigkeiten sind nicht Folgen unserer Willensakte.

M 695. Denke daran, offen davon Kenntnis zu nehmen, daß Locke einige gefährliche Ansichten vertritt, wie z. B. die Unendlichkeit und Ewigkeit des Raumes; die Möglichkeit, daß Materie denke.

I 696. Noch einmal wünsche ich, mein Leser sei auf der Hut vor der Täuschung durch Wörter. Er soll sich in acht nehmen, daß ich ihn nicht mit plausiblem, leerem Gerede beschwindele, jener üblichen, gefährlichen Art, die Menschen in Absurditäten zu verführen. Er soll meine Wörter nur als Gelegenheiten betrachten, in seinen Geist bestimmte Bedeutungen zu bringen, soweit sie das verfehlen, sind sie Geschwafel, Kauderwelsch und verdienen nicht den Namen Sprache. Ich wünsche und warne ihn, daß er weder in meinem Buch noch woanders als in seinem eigenen Geist Wahrheit zu finden hoffe. Was auch immer ich selbst sehe, ich kann es unmöglich in Worten ausmalen.

Mo. 697. N.B. Gut darüber nachzudenken, was mit dem gemeint ist, was Locke über die Algebra sagt, daß sie vermittelnde Vorstellungen liefert. Auch an eine Methode zu denken, die in der Ethik usw. denselben Nutzen verschafft, den jene in der Mathematik bringt.

+ Mo X 698. Daß *homo* [der Mensch] *vivens* [lebend] ist, wird nicht mit Hilfe irgendeiner vermittelnden Vorstellung bewiesen. Ich stimme mit Locke nicht völlig darin überein, was er über den Scharfsinn im Auffinden vermittelnder Vorstellungen bei einer beweisfähigen Sache und über den Nutzen davon sagt, als wäre es das einzige Mittel zur Verbesserung und Erweiterung der beweisführenden Erkenntnis.

S 699. Es gibt einen Unterschied zwischen Kraft und Willensakt. Es kann einen Willensakt ohne Kraft geben, aber es kann nicht Kraft ohne einen Willensakt geben. Kraft beinhaltet einen Willensakt und gleichzeitig als eine Nebenbedeutung die Wirkungen, die dem Willensakt folgen.

M.S. 700. Wir haben zweifellos eine Vorstellung von Substanz. Es war von Locke absurd zu meinen, wir hätten einen Namen one eine Bedeutung. Das könnte sich für die Stillingfleetianer als akzeptabel erweisen.

M.S 701. Die Substanz des Körpers kennen wir, die Substanz des Geistwesens kennen wir nicht, da sie nicht erkennbar ist, da sie *purus actus* [reiner Akt] ist.

I 702. Wörter haben alle Wissenschaften ruiniert und überwuchert, Rechtswissenschaft, Physik, Chemie, Astrologie usw.

I 703. Abstrakte Vorstellungen sind nur bei den Gelehrten zu finden. Die einfachen Menschen meinen niemals, solche zu besitzen, und sie entdecken wahrhaftig kein Bedürfnis nach ihnen. „*genera*" und „*species*" und „abstrakte Vorstellungen" sind für sie unbekannte Ausdrücke.

S 704. Locke irrt sich. Der Fall liegt anders. Wir können eine Vorstellung von einem Körper ohne Bewegung haben, aber nicht von einer Seele ohne Denken.

Mo. 705. Gott sollte verehrt werden. Das leicht bewiesen, wenn wir einmal die Bedeutung der Wörter „Gott", „verehren", „sollen" feststellen.

S 706. Nach Locke ist keine Wahrnehmung aktiv. Deswegen kann keine Wahrnehmung (d. h. keine Vorstellung) das Bild von oder ähnlich zu etwas sein, was völlig aktiv und überhaupt nicht passiv ist, d. h. dem Willen.

S 707. Ich kann etwas Vergangenes in das Gedächtnis [mind] zurückrufen wollen, obwohl sich gleichzeitig das, was ich in das Gedächtnis zurückrufe, nicht vor diesem meinem Wollen unter meinen Gedanken befand, und ich folglich wegen seines Fehlens kein Unbehagen haben konnte.

S 708. Der Wille und der Verstand können sehr wohl als zwei verschiedene Dinge gedacht werden.

S 709. *Sed quia voluntas raro agit nisi ducente desiderio* [Weil aber der Wille selten handelt, ohne daß ein Wunsch leitet]. S. Lockes Briefe p. 479 ad Limburgum.

1X3 710. Man kann nicht behaupten, das m.t. sei ähnlich oder identisch mit dem m.v., weil sie beide Minima seien, gerade noch wahrgenommen und fast gar nichts. Man kann ebensogut behaupten, das m.t. sei gleich oder ähnlich einem so schwachen Ton, daß er kaum noch wahrgenommen wird.

\+ 711. Ausdehnung scheint eine Zustandsbestimmung irgendeiner tastbaren oder empfindbaren Qualität zu sein, je nachdem wie sie gesehen oder gefühlt wird.

S 712. Das Geistwesen, das aktive Ding, jenes, das Seele und Gott ist, ist allein der Wille. Die Vorstellungen sind Wirkungen, unvermögende Dinge.

S 713. Die feste Verbindung des Willens und des Verstandes muß ich Geist nennen, nicht Person, um nicht Anstoß zu erregen, da es nur *ein* Wollen gibt, zugegeben, daß es Gott sei. Denke daran, sorgfältig zu unterlassen, „Person" zu definieren oder sie viel zu erwähnen.

S 714. Ihr fragt: „Machen jene Willensakte *einen* Willen aus?" Was ihr fragt, geht nur um ein Wort, da Einheit nichts darüber hinaus ist.

715. N.B. Äußerste Vorsicht zu gebrauchen, um der Kirche oder ihren Mitgliedern nicht den geringsten Vorwand zum Ärgernis zu geben.

I 716. Sogar etwas freundlich von den Scholastikern zu reden und zu zeigen, daß die, die jene wegen des Kauderwelsches tadeln, selbst nicht frei davon sind. Einleitung.

I 717. Einleitung. Lockes großes Versehen scheint zu sein, daß er nicht mit seinem dritten Buch angefangen hat, daß er zuerst nicht wenigstens einen Gedanken daran hatte. Zweifellos stimmen die beiden ersten Bücher nicht mit dem überein, was er im dritten sagt.

M. 718. Wenn einmal zugegeben ist, daß Materie existiert, so können nach allem, was Locke dazu sagen kann, abgeschnittene Bartspitzen und Fingernägelabfälle denken, obwohl er von dem Gegenteil überzeugt zu sein scheint.

+ 719. Da ich behaupte, daß die Menschen sich bei einer kurzen Begründung über beweisbare Dinge nicht irren können, wenn sie die Wörter beiseite legen, wird man erwarten, daß diese Abhandlung nichts enthalten wird, was nicht ein sicherer und evidenter Beweis ist. Und in Wahrheit hoffe ich, man wird darin nichts finden, was nicht von der Art ist. Natürlich halte ich es alles für derartig. Einleitung.

I 720. Wenn ich behaupte, ich werde alle Aussagen ablehnen, in denen ich die damit gemeinte Sache nicht so vollständig, adäquat und klar erkenne, wie sie erkennbar ist, so ist das nicht auf Aussagen in der Bibel auszudehnen. Ich rede von Angelegenheiten der Vernunft und der Philosophie, nicht der Offenbarung. Bei dieser, meine ich, geziemt sich uns ein demütiger, blinder Glaube (dort, wo wir die Aussage nicht begreifen und verstehen können) so wie ihn ein papistischer Bauer Aussagen entgegenbringt, die er in der lateinischen Messe hört. Das mögen überhebliche Menschen verständnislos, papistisch, blind, irrational nennen. Ich meinerseits, halte es für irrationaler, mit dem Anspruch aufzutreten, heilige Mysterien, d. h. Aussagen über Dinge außerhalb unserer Reichweite, die überhaupt über unserer Erkenntnis, außerhalb unserer Reichweite liegen, zu bestreiten, bekriteln und belächeln. Wenn ich zur vollkommenen Erkenntnis der Bedeutung irgendeines Textes kommen werde, dann werde ich einen entwickelten Glauben haben. Einleitung.

\+ 721. Zusammensetzung von Vorstellungen zweifach. Das bezieht sich auf Farben, die komplexe Vorstellungen sind.

X 722. Länge ohne Breite betrachten heißt irgendeine Länge betrachten, sei die Breite, was sie will.

M 723. Ich darf behaupten, daß die Erde, Pflanzen usw. vor dem Menschen erschaffen wurden, da es andere vernünftige Wesen gab, um sie wahrzunehmen, bevor der Mensch erschaffen wurde.

M 724. Es gibt einen Philosophen, der behauptet, daß wir auf keinem Wege durch Empfindung oder Denken eine Vorstellung von Substanz erlangen können und der der Ansicht zu sein scheint, daß wir für sie einen besonderen Sinn brauchen. Wenn wir einen neuen Sinn hätten, so könnte er uns in Wahrheit nur eine neue Vorstellung liefern. Nun nehme ich an, er wird nicht behaupten, Substanz sei nach ihm eine Vorstellung. Ich für meinen Teil gestehe, daß ich keine Vorstellung habe, die in seinem Sinne dieses Wortes oder dem der Scholastiker für „Substanz" stehen kann. Aber man nehme sie in dem gewöhnlichen Sinne, und dann sehen und fühlen wir Substanz.

E 725. N.B., daß nicht der gewöhnliche Gebrauch, sondern die Gelehrtenschulen das Wort „Existenz" prägten, das angeblich für eine abstrakte allgemeine Vorstellung steht.

1X 726. Verfasser von Optiken irren sich in ihren Prinzipien für die Beurteilung sowohl von Größen als auch von Entfernungen.

I 727. Es ist evident, daß die Wörter dem einsamen Mann, der das Sprechen gelehrt werden sollte, keine anderen neuen Vorstellungen geben würden außer denen, die er vorher hatte (mit der einzigen Ausnahme der Laute). Wenn er vorher keine abstrakte Vorstellung hatte, nicht haben konnte, kann er sie auch, nachdem er zu sprechen gelernt hat, nicht haben.

I 727a. und komplexe Vorstellungen, die, obwohl vorher unbekannt, durch die Sprache bezeichnet werden können.

Mo 728. „Homo est homo [ein Mensch ist ein Mensch]" usw. führt zuletzt auf „Petrus est Petrus" usw. Wenn man nun nach diesen identischen Aussagen im Geist sucht, wird man sie nicht finden. Es gibt keine identischen, mentalen Aussagen. Alles geht um Laute und Ausdrücke.

Mo 729. Hieraus sehen wir, daß die Lehre von der Gewißheit
I mit Hilfe von Vorstellungen und von dem Beweis mit Hilfe von vermittelnden Vorstellungen zunichte wird.

{Mo 730. Wir können Gewißheit und Erkenntnis ohne Vorstellungen haben.

Io I 730a. d. h. ohne andere Vorstellungen als die Wörter und ihr Für-eine-Vorstellung-Stehen, d. h. ihr Eindeutig-verwendet-Werden.

* 731. Mir scheint, daß wir keine Gewißheit über Vorstellun-
I gen haben, sondern nur über Wörter. Es ist unpassend, zu

Mo sagen: „Ich bin gewiß, daß ich sehe, daß ich fühle usw.“
X Es gibt keine mentalen Aussagen, die diesen Wörtern entsprechend gebildet sind, und, wie von allen zugegeben wird, gibt es bei einfacher Wahrnehmung keine Bejahung oder Verneinung und folglich keine Gewißheit.

* 731a. Das scheint falsch. Gewißheit, wirkliche Gewißheit ist solche von sinnlichen Vorstellungen *pro hic et nunc* [für hier und jetzt]. Ich kann ohne Bejahung oder Verneinung gewiß sein.

~~I~~Mo 732. Der Grund, warum wir so gut mit Zeichen beweisen
X können, ist, daß sie vollkommen willkürlich und in unserer Macht sind, nach Belieben erzeugt.

Mo~~I~~ 733. Der dunkle, doppeldeutige Ausdruck „Relation“,
X von dem man sagt, er sei das weiteste Feld der Erkenntnis, verwirrt uns, leitet uns irre.

Mo~~I~~ 734. Es möge mir jemand einen nicht-verbalen Beweis zei-
X gen, der nicht entweder von einem falschen Prinzip abhängt oder im besten Fall von einem Naturprinzip, das doch eine Wirkung von Gottes Willen ist, und von dem wir nicht wissen, wie bald es sich ändern mag.

I 735. Frage: Was wird aus den *aeternae veritates* [ewigen Wahrheiten]? Antwort: Sie verschwinden.

I 736. Sagt man: „Ich finde es aber sehr schwierig, hinter die Wörter zu sehen und meine Vorstellungen zu entdecken“, so sage ich: „Übung wird es leicht machen“. Im Verlaufe meines Buches wird die Ursache dieser Schwierigkeit klarer ausgemacht werden.

I 737. Um die Mißgestalt des Irrtums zu sehen, brauchen wir ihn nur zu entkleiden.

E 738. *Cogito ergo sum*. Tautologie; keine mentale Aussage, die dem entspricht.

~~I~~.N. 739. Erkenntnis, Gewißheit oder Wahrnehmung der Über-

Mo einstimmung von Vorstellungen bezüglich Identität, Ver-
X schiedenheit und realer Existenz verschwindet, die der Relation wird bloß nominal, die der Koexistenz bleibt. Über diese letzte dachte Locke, unsere Erkenntnis sei gering oder nichts, während, wie es scheint, nur in dieser wirkliche Erkenntnis zu finden ist.

P+M 740. Wir müssen mit den einfachen Leuten Gewißheit in die Sinne verlegen.

\+ 741. Es ist die Pflicht eines Menschen, es ist die Frucht der Freundschaft, von seinem Freund gut zu sprechen. Man wundere sich deswegen nicht, daß ich tue, was ich tue.

I 742. Ein Mensch mit schwachen Fähigkeiten kann die Wahrheit einholen usw. Einleitung. Sogar meine Kurzsichtigkeit könnte mir bei dieser Angelegenheit vielleicht hilfreich sein, sie wird bewirken, daß ich das Objekt meinen Gedanken näher bringe. Eine kurzsichtige Person usw. Einleitung.

S 743. Locke an Limborch usw. Rede davon, daß das *iudicium intellectus* [Urteil der Vernunft] dem Willensakt vorangehe. Ich meine, *iudicium* schließt einen Willensakt ein. Jene – *iudicium, intellectus, indifferentia*, Unbehagen – kann ich keineswegs als ebenso viele Dinge unterscheiden, die jeden Willensakt, z. B. die Bewegung meiner Hand, begleiten oder ihm vorausgehen.

S 744. Frage: Was meint man mit „*meine* Vorstellungen, *meine* Willensakte"? Antwort: All die Wahrnehmungen, die ich wahrnehme oder begreife usw., sind meine, all die Willensakte, deren ich mir bewußt bin, sind meine.

S 745. *Homo est agens liberum* [Der Mensch ist ein frei handelnder]. Was meinen sie an dieser Stelle mit *homo* und *agens*?

E 746. Wird jemand behaupten, Tiere hätten die Vorstellungen „Einheit" und „Existenz"? Ich glaube nicht. Doch wenn diese durch jede Weise der Empfindung eingeflößt werden, wäre es merkwürdig, wenn ihnen jene fehlten.

I 747. Es ist eine merkwürdige Sache und verdient unsere Aufmerksamkeit, daß die Menschen, je mehr Zeit und Mühe sie auf das Studium der Philosophie verwandt haben, sich selbst um so mehr als unwissende und schwache Geschöpfe ansehen. Sie entdecken Fehler und Unvollkommenheiten in ihren Fähigkeiten, die andere Menschen niemals erspähen. Sie finden sich selbst genötigt, viele inkonsistente und miteinander unvereinbare Meinungen als wahr zuzulassen. Es gibt nichts, das sie mit ihrer Hand berühren oder mit ihren Augen anschauen, ohne daß es viel größere und zahlreichere dunkle Seiten hat, als was wahrgenommen wird. Und schließlich werden sie wenigstens in den meisten Dingen Skeptiker usw. Ich bilde mir ein, das alles kommt von usw. Anfang. Einleitung.

I 748. Diese Menschen verachten mit einem hochmütigen Stolz die gewöhnlichen einfachen Informationen der Sinne. Sie greifen nach Erkenntnis in Garben und Bündeln (es ist ganz recht, wenn sie, weil sie nach zu viel auf einmal schnappen, nichts als Leere und Luft fassen). Sie erwägen in der Tiefe ihres Verstandes abstrakte Vorstellungen usw. Einleitung.

1X2 749. Es scheint nicht unwahrscheinlich, daß die umfassendsten und erhabensten Vernunftwesen mehr m.v.s auf einmal sehen, d. h. daß ihre visuellen Sphären die größten sind.

+.X 750. Wörter (mit ihnen sind alle Arten von Zeichen gemeint) sind so notwendig, daß sie (wenn man sie richtig oder ihrer eigenen Natur gemäß gebraucht) statt für den Fortschritt der Erkenntnis schädlich oder ein Hindernis für die Erkenntnis zu sein, – daß es ohne sie selbst in der Mathematik keinen Beweis geben könnte.

751. Denke daran, Metaphysik auf ewig zu verbannen usw. und die Menschen zum gesunden Menschenverstand zurückzurufen.

S 752. Wir können andere Geister neben unserem eigenen nur als ebensoviele ‚Selbst' begreifen. Von uns selbst nehmen wir an, mit diesen und jenen Gedanken und mit diesen und jenen Empfindungen versehen zu sein.

S.I. 753. Frage, ob nicht hauptsächlich das Zusammensetzen von Vorstellungen jene Fähigkeit sei, die dazu dient, uns von Tieren zu unterscheiden. Ich frage, ob sich ein Tier ein blaues Pferd oder eine Chimäre vorstellt oder vorstellen kann.

N. 754. Naturforscher unterscheiden nicht zwischen Ursache und Gelegenheit. Nützlich, nach koexistierenden Vorstellungen oder Gelegenheiten zu forschen.

Mo. 755. Moralität kann bewiesen werden wie angewandte Mathematik.

S 756. Wahrnehmung ist passiv, aber das unterscheidet sie nicht von Vorstellung. Deswegen kann es keine Vorstellung von einem Willensakt geben.

M.I. 757. Warum verwende ich nicht das Wort „Ding" anstelle von „Vorstellung"? Einleitung.

X 758. Algebraische Zeichen oder Buchstaben sind Benennungen von Benennungen, deswegen ist die Arithmetik vor der Algebra zu behandeln.

X 759. Zwei Kronen nennt man zehn Schilling. Darin kann sich die Natur der Zahlen zeigen.

X 760. Komplexe Vorstellungen sind die Geschöpfe des Geistes. Hierin kann sich die Natur der Zahlen zeigen. Das ist gründlich zu diskutieren.

X 761. Ich bin besser informiert und werde mehr wissen, wenn man mir sagt, da sind zehntausend Menschen, als wenn man mir sie alle aufgestellt zeigt. Ich werde den Handel, den man von mir erwartet, besser beurteilen können, wenn man mir sagt, wieviel Geld auf dem Tisch liegt,

(d. h. seinen Namen) als wenn man es ohne Benennung anbietet und zeigt. Kurz: Ich betrachte nicht die Vorstellung, das Aussehen, sondern die Namen. Hierin kann sich die Natur der Zahlen zeigen.

X 762. Kinder sind mit Zahlen nicht vertraut, bis sie einen gewissen Fortschritt in der Sprache gemacht haben. Das unmöglich, wenn sie durch jeden der Sinne eingeflößte Vorstellungen wären.

X 763. Zahlen sind nichts als Namen, bloße Wörter.

X 764. Denke daran: imaginäre Wurzeln, dieses Geheimnis zu entwirren.

X 765. Mit den Zahlen sind Nützlichkeitsvorstellungen verknüpft.

X 766. Bei arithmetischen Problemen suchen die Menschen nicht irgendeine Zahlvorstellung, sie suchen nur eine Benennung. Das ist alles, was für sie von Nutzen sein kann.

X 767. Man nehme von der Arithmetik und Algebra die Zeichen weg und was, bitte, bleibt übrig?

X 768. Diese sind rein verbale Wissenschaften und außer für die Praxis in menschlichen Gesellschaften völlig nutzlos. In ihnen keine spekulative Erkenntnis, kein Vergleichen von Vorstellungen.

Mo. 769. Sinnliche Lust ist das *summum bonum* [höchste Gut]. Das ist das große Prinzip der Moralität. Dies einmal richtig verstanden, können alle Lehren der Evangelien, sogar die schwierigsten, klar bewiesen werden.

X 770. Frage, ob die Geometrie nicht eigentlich zu der angewandten Mathematik gerechnet werden kann, da die Arithmetik und Algebra die einzigen abstrakten, reinen, d. h. völlig nominalen sind, während die Geometrie eine Anwendung jener auf Punkte ist.

I.X. 771. Locke über leere Sätze. Denke daran, dieses Kapitel
Mo. richtig zu beachten und zu durchdenken.

E.X 772. Existenz, Ausdehnung usw. sind abstrakte, d. h. keine Vorstellungen. Für die einfachen Leute sind es unbekannte und nutzlose Wörter.

Mo. 773. Sinnliche Lust qua Lust ist gut und für einen weisen Menschen wünschenswert. Wenn sie aber verachtenswert ist, so ist sie es nicht qua Lust, sondern qua Leid oder Ursache von Leid oder (was dasselbe ist) von Verlust größerer Lust.

I 774. Wenn ich in Erwägung ziehe, daß die Objekte, je mehr wir auf einmal sehen, um so entfernter sind, auch daß ein Auge, das sehr viele Dinge anschaut, keines von ihnen nah sehen kann.

I.M. 775. Unter „Vorstellung" verstehe ich irgendein empfindbares oder vorstellbares Ding.

S 776. Vereinbar mit meiner Lehre von Gewißheit. Einer, der nicht handelt, um die ewige Glückseligkeit zu erlangen, muß ein Ungläubiger sein, mindestens gilt ihm ein künftiges Gericht nicht als gewiß.

S 777. Um dessen, was wir nicht aktual wahrnehmen (ich sage „wahrnehmen", nicht „uns vorstellen"), sicher oder gewiß zu sein, dürfen wir nicht völlig passiv sein. Es muß eine Disposition zum Handeln geben, es muß Zustimmung geben, was aktiv ist. Nein, was sage ich! Es muß einen wirklichen Willensakt geben.

X 778. Was beweisen wir in der Geometrie anderes, als daß Linien gleich oder ungleich sind, d. h. mit demselben Namen benannt oder nicht benannt werden dürfen?

I.M. 779. Ich stimme folgendem Axiom der Scholastiker zu: „*Nihil est in intellectu quod non prius fuit in sensu* [nichts ist im Verstand, was nicht vorher in der sinnlichen Empfindung war]." Ich wünschte, sie hätten sich daran gehalten. Es hätte sie niemals die Lehre von den abstrakten Vorstellungen lernen lassen.

S.G. 780. „*Nihil dat quod non habet* [nichts liefert etwas, was es nicht hat]" oder „die Wirkung ist in der Ursache enthalten" ist ein Axiom, das ich nicht verstehe oder für wahr halte.

E 781. Jeder, der seinen Blick auf die Schriften der alten oder neuen Philosophen wirft und den Lärm sieht, der über formales und objektives Sein, Willen usw. gemacht wird, . . .

G 782. Absurd, die Existenz Gottes aus seiner Vorstellung zu beweisen. Wir haben keine Vorstellung von Gott. Es ist unmöglich!

M.E. 783. Ursache von viel Irrtum und Verwirrung, daß man nicht wußte, was mit „Realität" gemeint war.

I 784. Descartes behauptet in der zweiten Meditation, der Begriff von jenem besonderen Wachs sei weniger klar als der von Wachs im allgemeinen, und in derselben Meditation, etwas davor unterläßt er es, Körper im allgemeinen zu betrachten, weil (wie er sagt) diese allgemeinen Begriffe gewöhnlich verworren seien.

M.S. 785. Descartes nennt in der dritten Meditation sich selbst eine denkende Substanz und einen Stein eine ausgedehnte Substanz und fügt hinzu, daß sie beide darin übereinstimmen, daß sie Substanzen sind, und im nächsten Paragraphen nennt er Ausdehnung eine Zustandsbestimmung der Substanz.

S 786. Gewöhnlich wird von den Philosophen behauptet, daß die Seele des Menschen, wenn sie ihre Existenz aus sich selbst hätte, sich selbst jede mögliche Vollkommenheit gegeben hätte. Das verstehe ich nicht.

Mo 787. Denke daran, die Menschen zu den Augen- und Ohrenvergnügungen anzuregen, die nicht übersättigen, noch solche Übel nach sich ziehen wie andere.

S 788. Wir sehen keine Mannigfaltigkeit oder Verschiedenheit unter den Willensakten, nur unter ihren Wirkungen. Es ist *ein* Wille, *ein* Handeln, unterschieden durch die Wirkungen. Dieser Wille, dieses Handeln ist das Geistwesen, das operative Prinzip, die Seele, usw.

789. Keine Erwähnung von Ängsten und Mißgunst, nichts Parteiartiges.

M. 790. Locke in seinem vierten Buch und Descartes in der sechsten Meditation verwenden dasselbe Argument für die Existenz von Objekten, nämlich daß wir manchmal gegen unseren Willen sehen, fühlen usw.

S 791. Solange ich existiere oder irgendeine Vorstellung habe, bin ich ewig, ständig wollend, meine stillschweigende Duldung des gegenwärtigen Zustandes ist Wollen.

E 792. Die Existenz irgendeines vorstellbaren Dings ist nichts von der Einbildung oder Wahrnehmung Verschiedenes. Wollen oder Wille, die nicht vorstellbar sind, – auf ihre Existenz darf wenigstens im ersten Buch kein Bezug genommen werden.

Mo. 793. Es gibt vier Arten von Aussagen: „Gold ist ein Metall", „Gold ist gelb", „Gold ist fest", „Gold ist kein Stein", von denen die erste, zweite und dritte nur nominal sind und keine ihnen entsprechende mentale Aussagen besitzen.

793a. Auch über Nicht-Koexistenz wie „Gold ist nicht blau".

M 794. Denke daran, bei der Rechtfertigung der Sinne wirksam zu widerlegen, was Descartes im letzten Paragraphen der letzten Meditation behauptet, nämlich, daß ihn die Sinne öfter falsch als richtig informierten, daß nicht

Schmerzempfindung mir sage, daß mein Fuß gequetscht oder gebrochen ist, sondern daß ich, da ich häufig beobachtet habe, daß diese beiden Vorstellungen, nämlich jener besondere Schmerz und der gequetschte Fuß zusammen auftreten, sie irrtümlich für untrennbar aufgrund einer Naturnotwendigkeit halte, als ob Natur etwas anderes als die Anordnung durch den freien Willen Gottes wäre.

M.S. 795. Descartes gibt zu, daß wir eine Substanz nicht unmittelbar durch sie selbst erkennen, sondern nur dadurch, daß sie das Subjekt von mehreren Akten ist. Antwort auf den zweiten Einwand von Hobbes.

S 796. Hobbes fällt in einem gewissen Grade mit Locke zusammen, indem er behauptet, denken sei für den Geist oder ihn selbst ebenso wie tanzen für den Tänzer. Einwand.

S 797. Hobbes belächelt in seinem dritten Einwand jene Ausdrücke der Scholastiker: „Der Wille will" usw., ebenso macht es Locke. Ich denke anders.

S 798. Descartes gibt in der Antwort auf den dritten Einwand von Hobbes zu, daß er sich vom Denken unterscheidet wie ein Ding von seiner Zustandsbestimmung oder seiner Art.

E.S. 799. Die Meinung, daß Existenz von Wahrnehmung verschieden sei, hatte schreckliche Folgen. Es ist die Grundlage für Hobbes' Lehre usw.

M.P.E. 800. Malebranche unterscheidet sich in seiner Erläuterung weitgehend von mir. Er bezweifelt die Existenz von Körpern, ich zweifle nicht im geringsten daran.

P. 801. Ich unterscheide mich von den Kartesianern darin, daß ich Ausdehnung, Farbe usw. wirklich in den Körpern und unabhängig von unserem Geist existieren lasse. All das sorgfältig und einleuchtend darzustellen.

M.P. 802. Nicht die Kräftekombinationen zu erwähnen, sondern zu behaupten, daß die Dinge, die Wirkungen selbst wirklich existieren, sogar wenn sie nicht aktual wahrgenommen werden, sondern nur mit Beziehung auf Wahrnehmung.

X 803. Der große Vorzug der indischen Ziffern vor den römischen zeigt, daß die Arithmetik sich um Zeichen, nicht um Vorstellungen dreht, oder: nicht um Vorstellungen, die von den Zeichen selbst verschieden sind.

Mo.X 804. Begründung kann es bei Dingen, Vorstellungen oder
N. Handlungen geben, aber Beweisen kann nur verbal sein. Ich frage, gleichgültig usw.

G 805. Sprach Descartes: Die Vorstellung von Gott ist nicht von mir gemacht, denn ich kann ihr weder etwas hinzufügen, noch etwas von ihr wegnehmen. Ebensowenig kann er zu irgendeiner anderen Vorstellung, sogar wenn sie von ihm selbst erzeugt ist, etwas hinzufügen oder von ihm wegnehmen.

S 806. Nicht zwischen Willen und Vorstellungen zu unterscheiden, ist ein großer Fehler bei Hobbes. Er hält jene Dinge, die keine Vorstellungen sind, für nichts.

M. 807. Sagt ihr, unter solchen Umständen ist alles nur Vorstellung, bloßes Phantasma, so antworte ich, alles ebenso wirklich wie je. Ein Ding „Vorstellung" zu nennen, macht es, wie ich hoffe, nicht weniger wirklich. Ich wäre vielleicht in der Tat bei dem Wort „Ding" geblieben und hätte das Wort „Vorstellung" nicht erwähnt, gäbe es nicht einen Grund und, wie ich meine, einen guten Grund dafür, den ich im zweiten Buch angeben werde.

I.S. 808. Vorstellung ist das Objekt oder Subjekt des Denkens. Das, woran ich denke, was es auch sei, ich nenne es „Vorstellung". Das Denken selbst oder der Denkvorgang ist keine Vorstellung. Es ist ein Akt, d. h. Willensakt, d. h. der Wille als Gegensatz zu den Wirkungen.

I.Mo. 809. Locke gibt in B. 4 K. 5 nicht den richtigen Grund dafür an, daß mentale Aussagen so schwierig sind. Er liegt nicht in den komplexen, sondern den abstrakten Vorstellungen. Die Vorstellung von einem Pferd ist ebenso komplex wie die von Mut. Doch, wenn ich sage „Das Pferd ist weiß", bilde ich mit Leichtigkeit eine mentale Aussage, aber wenn ich sage „Mut ist eine Tugend", werde ich kaum eine oder überhaupt keine erreichbare mentale Aussage finden.

S. 810. „Reine Vernunft" verstehe ich nicht.

811. Locke hat bei den Dingen, in denen er sich von den Kartesianern unterscheidet, recht, und sie können seinen Meinungen nur zustimmen, wenn sie an ihren eigenen Prinzipien oder ihrer Begründung der Existenz und anderer abstrakter Vorstellungen festhalten.

G.S. 812. Die Eigenschaften aller Dinge liegen in Gott, d. h. es gibt in der Gottheit ebensogut Verstand wie Willen. Er ist kein verständnislos Handelnder, und in Wahrheit ist ein verständnislos Handelnder ein Widerspruch.

G 813. Ich bin gewiß, es gibt einen Gott, obwohl ich ihn nicht wahrnehme, keine Anschauung von ihm habe. Das macht keine Schwierigkeit. Wenn wir richtig verstehen, was mit „Gewißheit" gemeint ist.

S 814. Es scheint, daß die Seele, genommen als der Wille, unsterblich, unvergänglich ist.

S 815. Frage, ob Wahrnehmung notwendig dem Willensakt vorausgehen muß.

S.Mo. 816. Irrtum liegt nicht im Verstand, sondern im Willen. Was ich verstehe oder wahrnehme, das verstehe ich; darin kann es keinen Irrtum geben.

Mo. 817. Denke daran, in der Einleitung Lockes Frau, die sich
N. vorm Naßwerden fürchtet, zu beachten; zu zeigen, daß es Begründung in Bezug auf Vorstellungen oder Dinge geben kann.

M. 818. Descartes und Malebranche sagen, Gott habe uns eine starke Neigung zur Meinung gegeben, daß unsere Vorstellungen von Körpern herkommen oder daß Körper existieren. Was, bitte, meinen sie damit? Würden sie behaupten, daß die Vorstellungen der Einbildungskraft Bilder von den Sinnesvorstellungen sind oder von ihnen herkommen? Das ist wahr, kann aber nicht ihre Meinung sein, denn sie sprechen von Sinnesvorstellungen selbst als herkommend von, ähnlich zu etwas, ich weiß nicht was.

M.S. 819. *Cartesius per ideam vult omne id quod habet esse objectivum in intellectu. V. Tract. de methodo* [Descartes meint mit Vorstellung all das, was ein objektives Sein im Verstand hat. S. Abhandlung von der Methode].

S 820. Frage: Kann es nicht einen Verstand ohne einen Willen geben?

S 821. Verstand ist eine gewisse Art von Handlung.

S 822. Dumm von Hobbes usw., vom Willen zu sprechen, als ob er Bewegung wäre, womit er doch keine Ähnlichkeit hat.

M. 823. Sinnesvorstellungen sind die wirklichen Dinge oder Archetypen. Vorstellungen der Einbildungskraft, Träume usw. sind Kopien, Bilder von ihnen.

M. 824. Meine Lehren richtig verstanden, geht jene ganze Philosophie von Epikur, Hobbes, Spinoza usw., die ein erklärter Feind der Religion gewesen ist, zugrunde.

G. 825. Hobbes und Spinoza machen Gott ausgedehnt. Auch Locke scheint dasselbe zu tun.

I.E. 826. *Ens, res, aliquid dicuntur termini transcendentales* [Seiendes, Ding, Etwas nennt man transzendentale Begriffe]. Spinoza (S. 76, Satz 40, Ethik Teil 2) gibt eine merkwürdige Darstellung ihres Ursprungs, auch vom Ursprung aller Universalien wie *homo, canis* [Mensch, Hund] usw.

G. 827. Spinoza (s. Praef. Opera posthum.) behauptet, Gott sei *omnium rerum causa immanens* [die immanente Ursache aller Dinge] und führt zur Unterstützung dessen aus St. Paulus an: „In ihm leben wir usw." Doch dieses Wort von St. Paulus kann mit meiner Lehre ebensogut erklärt werden wie mit der von Spinoza oder Locke oder Hobbes oder Raphson usw.

S 828. Der Wille ist *purus actus* [reiner Akt] oder besser: reines Geistwesen, nicht vorstellbar, nicht empfindbar, nicht einsehbar, auf keine Weise das Objekt des Verstandes, auf keine Weise wahrnehmbar.

S. 829. Substanz eines Geistwesens ist, daß es handelt, verursacht, will, operiert, oder wenn man will (um die Haarspalterei, die man um das Wort „es" machen könnte, zu vermeiden) zu handeln, verursachen, wollen, operieren. Seine Substanz ist nicht erkennbar, da sie keine Vorstellung ist.

G. 830. Warum können wir es nicht als möglich begreifen, daß Gott Dinge aus Nichts erschafft? Mit Sicherheit erschaffen wir selbst auf gewisse Weise immer dann etwas, wenn wir uns etwas einbilden.

G.N. 831. *Ex nihilo nihil fit* [aus nichts wird nichts]. Das und dergl. (sagt Spinoza Opera posthum. p. 464) heißen *veritates aeternae* [ewige Wahrheiten], weil *nullam fidem habent extra mentem* [ihnen kein Vertrauen außerhalb des Geistes zukommt]. Um diesem Axiom eine bestimmte Bedeutung zu verschaffen, sollte man es so ausdrücken: Jede Vorstellung hat eine Ursache, d. h. ist von einem Willen produziert.

P. 832. Die Philosophen sprechen viel von einer Unterscheidung zwischen absoluten und relativen Dingen oder zwischen Dingen, nach ihrer eigenen Natur betrachtet, und denselben Dingen, betrachtet in Beziehung zu uns. Ich weiß nicht, was sie mit „Dingen an sich selbst betrachtet" meinen. Das ist Unsinn, Kauderwelsch.

S. 833. Es scheint, es kann keine Wahrnehmung, keine Vorstellung ohne Willen geben. Denn es ist so: Es gibt keine so indifferenten Vorstellungen, daß man nicht sie der Vernichtung oder die Vernichtung ihnen vorzieht, oder, falls es ein solches Gleichgewicht gibt, so muß es, um es zu verursachen, eine gleiche Mischung von Lust und Unlust geben, da es keine von Unlust und Unbehagen völlig freie Vorstellungen gibt, außer denen, die der Vernichtung vorzuziehen sind.

X 834. *Recipe in animum tuum per cogitationem vehementem rerum ipsarum non literarum aut sonorum imagines* [Nimm mit stürmischem Denken die Bilder der Dinge selbst, nicht der Buchstaben oder Laute in deinen Geist auf]. Hobbes gegen Wallis.

X 835. Es ist eine Vollkommenheit, die wir uns in höheren geistigen Wesen vorstellen können, daß sie sehr viel auf einmal mit der äußersten Klarheit und Deutlichkeit sehen können, während wir nur einen Punkt sehen können.

M. 836. Bei Behandlung der Materie hätte ich besser die Proportion und Schönheit der Dinge das Werk des Geistes genannt als ihre Arten (was Locke schon bewiesen hat).

X 837. Denke daran, wenn ich die Mathematik behandle, die Kontroverse zwischen Hobbes und Wallis zu untersuchen.

G. 838. Jede meiner Empfindungen, die infolge der allgemeinen, bekannten Naturgesetze vorkommt und von außen, d. h. unabhängig von meinem Willen ist, beweist das Dasein eines Gottes, d. h. eines unausgedehnten, unkörperlichen geistigen Wesens, das allwissend, allmächtig usw. ist.

Mo. 839. Ein wichtiger Grund für das Mißlingen in den Angelegenheiten der Menschen ist, daß sie zu sehr die Gegenwart beachten.

M. 840. Ich behaupte nicht mit J.S., daß wir feste [Dinge]

sehen. Ich verwerfe seine ganze „feste Philosophie“, da Festigkeit nur durch Tasten wahrgenommen wird.

S 841. Es scheint mir, daß man Wille und Verstand, Willensakte und Vorstellungen nicht trennen kann, daß eines von beiden unmöglich ohne das andere sein kann.

E.S. 842. Die einen oder anderen Vorstellungen muß ich haben, solange wie ich existiere oder will. Aber keine Vorstellung oder Art von Vorstellungen gehört zu meinem Wesen.

M. 843. Die Unterscheidung zwischen *idea* [Vorstellung] und *ideatum* [Vorgestelltem] kann ich nicht anders begreifen als dadurch, daß ich das eine zur Wirkung oder Folge von Traum, Träumerei, Einbildungskraft mache, das andere zur Wirkung oder Folge der Sinne und der konstanten Naturgesetze.

P. 844. *Dico quod extensio non concipitur in se et per se contra quam dicit Spinoza in ep. I^a ad Oldenburgium* [ich behaupte, daß Ausdehnung nicht an sich und durch sich begriffen wird, entgegen dem, was Spinoza im ersten Brief an Oldenburg sagt].

G 845. Meine Definition des Wortes „Gott“ halte ich für viel klarer als die von Descartes und Spinoza, nämlich „*ens summe perfectum et absolute infinitum* [höchst vollkommenes und absolut unendliches Wesen]“ oder „*ens constans infinitis attributis quorum unumquodque est infinitum* [Wesen, das aus unendlich vielen Attributen besteht, von denen jedes unendlich ist]“.

X. 846. Es ist hauptsächlich die Verknüpfung zwischen tastbaren und sichtbaren Vorstellungen, die täuscht, und nicht die sichtbaren Vorstellungen selbst.

S. 847. Aber der große Irrtum ist, daß wir nicht wissen, was wir mit „wir selbst“, „unser Geist“ usw. meinen. Es ist äußerst sicher und gewiß, daß unsere Vorstellungen verschieden sind vom Geist, d. h. vom Willen, vom geistigen Wesen.

S. 848. Ich darf den Verstand nicht als eine Fähigkeit oder einen Teil des Geistes anführen, ich muß Verstand und Wille usw. in das Wort „Geistwesen“ einschließen, mit dem ich alles, was aktiv ist, meine. Ich darf nicht behaupten, der Verstand unterscheide sich von den besonderen Vorstellungen oder der Wille von besonderen Willensakten.

S. 849. Das Geistwesen, der Geist, ist weder ein Willensakt noch eine Vorstellung.

N.S. 850. Ich behaupte, es gibt (eigentlich gesprochen) keine Ursachen außer geistigen, nichts Aktives außer Geistwesen. Behauptet ihr, das sei bloß verbal, es sei bloß die Verknüpfung einer neuen Art der Bedeutung mit dem Wort „Ursache“, und warum sollten nicht andere ebensogut an der alten festhalten und eine Vorstellung die Ursache einer anderen nennen, wenn diese immer auf jene folgt. Ich antworte: Wenn ihr das tut, werde ich euch in viele Absurditäten treiben. Ich behaupte: Wenn ihr an dieser Bedeutung des Wortes „Ursache“ streng festhaltet, könnt ihr nicht vermeiden, euch in Meinungen zu verrennen, mit denen ihr lieber nichts zu tun hättet.

Mo. 851. Bei der Bewertung des Guten rechnen wir zuviel mit der Gegenwart und unserem Eigentum.

Mo. 852. Es gibt zwei Arten der Lust: Die eine hat ihre Bestimmung als Ansporn oder Antrieb zu etwas anderem und steht in einer sichtlichen Beziehung und Unterordnung dazu, die andere nicht. So ist die Lust des Essens von der ersten Art, die der Musik ist von der zweiten Art. Diese können zur Erquickung gebraucht werden, jene nur gemäß ihrem Zweck.

Mo. 853. Drei Arten von nützlicher Erkenntnis: Die von Ko-
N. existenz, in unseren Prinzipien der Naturwissenschaft zu
X behandeln, die von Relation in der Mathematik, die von Definition oder Inklusion oder Wörtern (die vielleicht nicht von der der Relation verschieden ist) in der Ethik.

S 854. Wille, Verstand, Wunsch, Haß usw. sind, soweit sie Akte oder aktiv sind, nicht verschieden. All ihr Unterschied besteht in ihren Objekten, Umständen usw.

N. 855. Wir müssen sorgfältig zwischen zwei Arten von Ursachen unterscheiden: physischen und geistigen.

N. 856. Jene können passender „Gelegenheiten" genannt werden, doch wir können sie (um entgegenkommend zu sein) „Ursachen" nennen, aber dann müssen wir „Ursachen, die nichts tun" meinen.

S 857. Nach Locke müssen wir uns in einem ewigen Unbehagen befinden, solange wir leben – die Zeit des Schlafs oder der Bewußtlosigkeit usw. ausgenommen – denn er fordert von einer Handlung, um eine Handlung in seinem Sinne zu sein, sogar das Fortstreben und verlangt so ein Wollen und dieses ein Unbehagen.

I. 858. Ich darf nicht mit der Aussicht auf viel Beweis auftreten. Ich muß alle Passagen streichen, die nach jener Art von Stolz aussehen, die in meinen Lesern eine Erwartung erregt.

I. 859. Wenn das so ist, sollte man besser überhaupt nicht philosophieren, ebensowenig wie ein mißgestalteter Mensch danach streben sollte, sich selbst im reflektierten Licht eines Spiegels zu betrachten.

I. 860. Oder so: wie mißgestaltete Menschen, die sich selbst im reflektierten Licht eines Spiegels betrachtet haben, über ihre Entdeckung verärgert sind.

M.1 861. Kann eine Vorstellung etwas anderem ähnlich sein als einer Vorstellung? Wir können sie mit nichts anderem vergleichen. Ein Ton einem Ton ähnlich, eine Farbe einer Farbe ähnlich.

M.1 862. Ist das nicht Unsinn, zu behaupten, ein Geruch sei einem Ding ähnlich, das nicht gerochen werden kann, eine

Farbe sei einem Ding ähnlich, das nicht gesehen werden kann?

M.S. 863. Körper existieren außerhalb des Geistes, d. h. sind nicht der Geist, sondern verschieden von ihm. Das gebe ich zu, da der Geist davon ganz und gar unterschieden ist.

P. 864. Wir würden Bewegung sicher nicht sehen, wenn es bei Farben keine Verschiedenheit gäbe.

P. 865. Bewegung ist eine abstrakte Vorstellung, d. h. es gibt keine derartige Vorstellung, die man für sich selbst begreifen kann.

I 866. Kontradiktorische Aussagen können nicht beide wahr sein. Man ist verpflichtet, Einwände, die aus Folgerungen gezogen sind, zu beantworten. Einleitung.

S. 867. „Der Wille“ und „das Wollen“ sind Wörter, die von einfachen Leuten nicht verwendet werden. Die Gelehrten werden dadurch genarrt, daß sie abstrakte Vorstellungen bedeuten.

X 868. Spekulative Mathematik: wie wenn ein Mensch jeden Tag schwierige Knoten machte, um sie wieder zu lösen.

X132 869. Obwohl es anders gewesen sein könnte, ist es doch angenehm, daß dasselbe Ding, was m.v. ist, auch m.t. ist oder ihm sehr nahe kommt.

S 870. Ich darf der Seele oder dem Geist nicht den scholastischen Namen „reiner Akt“ geben, sondern eher „reines Geistwesen“ oder „aktives Wesen“.

S 871. Ich darf nicht behaupten, der Wille und der Verstand seien ein und dasselbe, sondern muß sagen, daß sie beide abstrakte Vorstellungen sind, d. h. überhaupt keine, da sie nicht einmal *ratione* [dem Begriff nach] von dem Geistwesen als Fähigkeit oder dem Aktiven verschieden sind.

S 872. Gefährlich, „Vorstellung“ und „Ding“ zu austauschbaren Ausdrücken zu machen. Das wäre der Weg, zu beweisen, daß geistige Wesen nichts sind.

Mo.X 873. Frage, ob *veritas* [Wahrheit] nicht für eine abstrakte Vorstellung steht.

M 874. Es ist klar, die Modernen müssen ihren eigenen Prinzipien gemäß zugeben, es gibt keine Körper, d. h. keine Art von Körpern, ohne den Geist, d. h. unwahrgenommen.

S.G. 875. Frage, ob der Wille das Objekt des Vorherwissens oder irgendeiner Erkenntnis sein kann.

P 876. Wenn es nur eine Kugel in der Welt gäbe, könnte sie sich nicht bewegen. Es könnte keine Vielfalt der Erscheinung geben.

X 877. Nach der Lehre von der unendlichen Teilbarkeit muß es z. B. in einer unendlichen Entfernung von einer Rose einen Duft von ihr geben.

M. 878. Ausdehnung ist, obwohl sie nur im Geist existiert, keine Eigenschaft des Geistes. Der Geist kann ohne sie existieren, obwohl sie nicht ohne den Geist sein kann. Doch in Buch II werde ich umfassend den Unterschied zeigen, der zwischen der Seele und dem Körper oder ausgedehnten Wesen besteht.

S 879. Es ist eine absurde Frage, die Locke stellt, ob der Mensch frei sei zu wollen.

X 880. Denke daran, den Grund für die Regel zur Lösung von Fragen in der Algebra zu untersuchen.

X 881. Es ist bereits von anderen beobachtet worden, daß der Gebrauch von Namen nirgends nötiger ist als beim Zählen.

M.P. 882. Ich werde euch zugeben, daß man von Ausdehnung,
* Farbe usw. in zweifacher Hinsicht sagen kann, sie seien

ohne den Geist, nämlich als unabhängig von unserem Willen und als verschieden vom Geist.

Mo. N.X 883. Es ist sicher nicht unmöglich, sondern ein Mensch könnte ebensogut ohne wie mit Zeichen zur Erkenntnis aller wirklichen Wahrheit kommen, hätte er ein äußerst starkes und umfassendes Erinnerungs- und Einbildungsvermögen. Begründung und Wissenschaft hängen deswegen nicht völlig von Wörtern und Namen ab.

N. 884. Ich meine nicht, daß sich Dinge mit Notwendigkeit ereignen. Keine Verknüpfung von zwei Vorstellungen ist notwendig. Sie ist ganz das Ergebnis von Freiheit, d. h. sie ist ganz willentlich.

M.1 885. Eine einfache Vorstellung kann nur das Muster oder ähnliche Bild einer anderen sein. So weit sie verschieden sind, kann eine nicht der anderen ähnlich sein.

M.S. 886. Wenn ein Mensch mit seinen geschlossenen Augen sich die Sonne oder das Firmament vorstellt, wird man nicht behaupten, er oder sein Geist sei die Sonne oder ausgedehnt, obwohl weder Sonne noch Firmament ohne seinen Geist sind.

S 887. Es ist seltsam, Philosophen zweifeln und disputieren zu sehen, ob sie Vorstellungen von geistigen Dingen haben oder nicht. Sicher ist es leicht zu wissen. Siehe de Vries, *De ideis innatis*, p. 64.

S. 888. De Vries fordert, daß wir den Geist so erkennen, wie wir Hunger haben, nicht durch Vorstellungen, sondern durch die Sinne oder *conscientia* [Gefühl]. So denkt Malebranche. Das ist eine leere Unterscheidung.

Anhang I

I. Frage, ob Zahl ohne den Geist in den Objekten sei. L[ocke] B. 2 K. 8 § 9.

II. Warum mittelbar wahrnehmbare Kräfte für solche gehalten, unmittelbar wahrnehmbare nicht. B. 2 K. 8 § 19.

III. Ob feste [Dinge] gesehen werden. B. 2 K. 9 § 9.

IV. Ob Unterscheiden, Erinnern, Erkennen, Vergleichen, Verbinden, Abstrahieren usw. einfache oder komplexe Vorstellungen seien, dasselbe wie oder verschieden von Wahrnehmungen.

V. Ob Geschmack eine einfache Vorstellung sei, da er mit Existenz, Einheit, Lust und Schmerz verbunden ist.

VI. Ob all die Letztgenannten nicht ebenso eine komplexe Vorstellung bilden wie die verschiedenen Teilvorstellungen einer Pferdefessel usw.

VII. Worin Tiere von Menschen unterschieden?

VIII. Worin geistesschwache von wahnsinnigen Menschen?

IX. Ob irgendeine Erkenntnis ohne Gedächtnis?

X. Gott Raum. B. 2, [K.] 13, [§] 26, und [K.] 15, [§] 2.

XI. Kreisbewegung einer Fackel. Warum bildet sie einen Kreis?

XII. Warum lassen die Menschen leichter unendliche Dauer zu als unendliche Ausdehnung?

XIII. Beweise bei Zahlen, ob in ihrem Gebrauch allgemeiner, wegen des Grundes, den Locke angibt. B. 2 K. 16 § 4.

XIV. Zölle usw. nicht festgesetzte, festgelegte Längen. Gegen B. 2 K. 13 § 4.

XV. Frage, ob Bewegung, Ausdehnung und Zeit nicht definierbar und deswegen komplexe Vorstellungen seien.

XVI. Frage, ob die Klarheit und Deutlichkeit jeder größeren Zahlenart wirklich so etwas Hervorleuchtendes sei.

XVII. Frage: Warum meint Locke, daß wir nur von so viel Zahlenarten Vorstellungen haben, wie wir Namen für sie [haben]?

XVIII. Nicht alle Attribute Gottes eigentlich unendlich.

XIX. Warum andere Vorstellungen außer Zahlen nicht der Unendlichkeit fähig seien. Von Locke nicht richtig gelöst.

XX. Unendlichkeit und unendlich.

XXI. Nicht so etwas wie eine dunkle, verworrene Vorstellung von unendlichem Raum.

XXII. Kraft wird nicht durch einen Sinn wahrgenommen.

XXIII. Locke ist nicht zu tadeln, wenn er weitschweifig ist bezüglich angeborener Vorstellungen, immer denkender Seele, daß Ausdehnung nicht Wesen des Körpers sei, daß Zeit begriffen und gemessen werden könne, wenn keine Bewegung war, daß Wille nicht frei ist usw.

XXIV. Etwas kann willentlich, obwohl notwendig sein. Frage, ob es nicht willentlich, obwohl frei sein kann.

XXV. Zur Reflexion gehörige Dinge werden meistens durch Figuren ausgedrückt, die den sinnlichen Dingen entlehnt sind.

Anhang II

a. Frage: Ist Kraft eine einfache Vorstellung, da sie Relation einzuschließen scheint?

b. Frage: Sind wir schuldig, wenn eine Leidenschaft, wie es manchmal geschieht, wie ein Sturm unsere Freiheit hinwegnimmt?

c. Wie kann Hoffnung so sehr von Begehren verschieden sein, da man sieht, daß das eine eine Lust, das andere eine Pein ist?

d. Freiheit besteht nicht in Unschlüssigkeit.

e. Der Wille ist im Falle von Unschlüssigkeit und Überprüfung nicht von außen bestimmt.

f. Nach Locke haben wir keine Freiheit in Bezug auf Tugend und Laster, da Freiheit in einer Indifferenz der operativen Fähigkeiten, zu handeln oder nicht zu handeln, besteht, die dem Willen folgt, aber Tugend und Laster bestehen im Willen, ergo, siehe B. 2 K. 21 § 71.

g. Ob sich ein Geistwesen mit absoluter oder relativer Bewegung bewegt oder mit beidem?

h. Vorstellungen von Substanzen scheinen adäquat zu sein.

ANMERKUNGEN△

* und **: Diese beiden Eintragungen stehen auf der ersten Seite (fol. 103v) etwa gegenüber von Nr. 7 und Nr. 9, passen aber inhaltlich nicht zu diesen. Offenbar handelt es sich um Zusprüche des Autors an sich selbst nach Art eines Mottos. (Auch dem „Analyst" ist ein Matthäus-Wort als Motto vorangestellt.) Das Cicero-Zitat bezieht sich auf das allgemeine Bemühen Berkeleys, eine verbindliche Form der Darstellung – auch in der Kritik – zu finden (vgl. 185, 207, 209, 300, 633–634, 716, 789, 858). Die Matthäus-Zitate sind eine Selbstaufmunterung, die Konkurrenz mit den ‚Falschlehren' nicht zu scheuen, aber auch nicht schnellen Erfolg zu erwarten; vgl. 406.

1: Vgl. 14. – Da Ewigkeit nur eine Folge von unzählbaren Vorstellungen ist, kann es verschieden „große" geben. Vgl. Francis Bacon, Novum Organon I, 48. Locke II, 17 § 3, 10. Berkeleys Brief an Johnson 24.3.1730 (Works, ed. Luce/Jessop II, p. 293).

3–5: Berkeleys Antwort auf die Frage 3: Nein. In 3 und 4 wird das Sein der Zeit in die Abfolge der Vorstellungen verlegt, d. h. ohne Vorstellungen gibt es keine Zeit. Eine Auffassung, die Berkeley beibehält, s. 6, 12, 590, 647. Vgl. Princ. § 97.

Zu 5: Die zeitliche Dauer ist an Existenz gebunden und diese, wie später klar wird, an Vorstellungen. Schon hier verfolgt also Berkeley seinen „Idealismus". Vgl. 13; Princ. § 98. Locke II, 14 § 3.

6: Vgl. 53, 53a.

7: Vgl. Malebranche I, 8 § 2. Relativität der Zeit, vgl. 9, 15, 16.

8: Vgl. 10 und 11. Die Dauer als das extensionale Maß der Zeit ist in uneigentlichem Sinne unendlich teilbar, nämlich sofern immer eine kürzere Dauer durch eine längere, weiter teilbare „repräsentiert" werden kann. Vgl. Princ. § 126–127.

9: τὸ νῦν: das Jetzt, der Zeitpunkt. – Die Zeitpunkte haben für verschiedene Vernunftwesen verschiedene Größe. Vgl. 410, 749, 835, wo die Differenz zu höheren Wesen bzgl. der

△ Die Nummerierung entspricht der der Tagebuchnotizen.

Sehfähigkeit bzw. der Erkenntnis überhaupt angesprochen wird. Vgl. auch 48.

11: Vgl. 8, 9, 18, 21, 260, 341. Ausdehnung als Folge von Vorstellungen, die eine minimale Größe besitzen (sinnliche Minima), ist nicht im eigentlichen Sinne unendlich teilbar. Eine Auffassung, die Berkeley beibehält, vgl. Princ. § 123 ff.

12: Die Umläufe der Himmelskörper oder der Uhr werden durch Vorstellungsabfolgen erfaßt. Vgl. 118 und Locke II, 14 § 19.

13: Vgl. 4 und 5.

14: Vgl. 1, 24, 25, 523, 590. Den Ausdruck „Person" vermeidet Berkeley später (713).

15 und 16: Vgl. 7, 39, 45; vgl. Locke II, 14 § 6–12; Princ. § 14. Bei schnellen Bewegungen können unsere Sinne die verschiedenen Bewegungsphasen nicht mehr unterscheiden; eine schnellere Vorstellungsabfolge würde uns alles verschwimmen lassen, meint wohl Berkeley (vgl. 655).

17: Die Annahme der materiellen Substanzen wird für den Grund aller „Sünden" gehalten. (Die Materie tritt an die Stelle, die bei Berkeley Gott einnimmt).

18: Die von Descartes getrennten Substanzen (*res extensa – res cogitans*) werden hier auf eine, nämlich den Geist, reduziert.

19: Die „immaterielle Hypothese" ist Berkeleys Prinzip, aber es „läßt alles, wie es vorher war", die Realität der Dinge wird durch den „Idealismus" nicht aufgehoben. Vgl. 392, 427, 427a, 429, 444, 472–474a, 550, 582. Princ. § 35, 99.

20: Lockes Unterscheidung von primären und sekundären Qualitäten wird dazu verwendet, zu zeigen, daß die Materie weder die einen noch die anderen besäße.

21: Vgl.: 11, 85, 253, 483, 722. Länge ohne Breite wäre eine abstrakte Vorstellung und als solche unsichtbar.

22 und 23: *nec quid nec quantum nec quale* ist die klassische Definition der Materie (Aristoteles, Metaphysik VII, 3; 1029a 20). Eine solche „Welt ohne Denken" zu denken, wäre ein Widerspruch in sich. Vgl. 517.

24: Vgl. 14. Erste Formulierung von Berkeleys Prinzip, wobei alles nicht Denkende als Modus der denkenden Person aufgefaßt wird.

25: Vgl. 14, 24. Bereits hier erwägt Berkeley eine Erkenntnis des Geistes (Seele, Person), die vollständig ist.

26: Vgl. Princ. § 123 f., auch § 47.
27 und 28: S. Anm. 32.
29: Vgl. 263, 264.
30: Vgl. 36, 45. – „zwei Arten“: absolute und relative Bewegung (Newton, Principia math., Scholium ad Def. VIII). – Vgl. Princ. § 111–115. De Motu § 64. Berkeley leugnet die absolute Bwegung, jedenfalls Newtons angebliche Beweise dafür.
31: Vgl. 119, 319. Locke II, 17 § 14.
32: Vgl. 27, 28, 38, 49, 58, 59, 95, 100, 246, 295. TV § 132 ff. – Molyneux-Problem: Am 7.7.1688 wurde es in einem Brief des ersten Sekretärs der Royal Irish Academy, William Molyneux (Übersetzer von Descartes‘ „Meditationen“ und Autor der 1692 erschienenen „Dioptrica Nova“), an John Locke in Amsterdam gestellt (Bodleian Library, MS Locke, c. 16, fol. 92r). Es wurde von Locke in die 2. Edition des „Essay“ (II, 9 § 8) als „ingenious problem“ aufgenommen. Die von Molyneux vorgelegte Frage, ob ein zum Sehen gebrachter Blinder *allein aufgrund des Sehens* eine Kugel neben einem Würfel als Kugel erkennen würde, sollte den Zusammenhang zwischen unseren Sinnesvermögen und den Einfluß unseres Verstandes („Deutungen“) klären. Berkeley verneint (wie auch Molyneux und Locke) die Frage. – Molyneux' Problem und seine „Dioptrica Nova“ werden von Berkeley (auch in TV) oft herangezogen. S. auch Anm. 566. – S. Désirée Park, Locke and Berkeley on the Molyneux Problem. Journal of the History of Ideas 30 (1969), 253–260. – Judith Jarvis Thomson, Molyneux's Problem. The Journal of Philosophy 71 (1974), 637–650. – Michael J. Morgan, Molyneux's Question. Cambridge etc. 1977.
33 und 34: Gegen Descartes' Trennung von denkender und ausgedehnter Substanz.
35: Die Fläche wird konkret wahrgenommen, ihre Ausdehnung wird durch Abstraktion gewonnen, wogegen Berkeley polemisiert.
36: Vgl. De Motu § 63. Bezieht sich ablehnend auf Newtons Versuch, absolute Bewegung nachzuweisen. Berkeley vertritt schon hier eine bloß sensualistisch beschreibende Physik.
38: S. Anm. 32.
39: Vgl. 4, 15, 16.

40: Vgl. 325. „aber. . .“: diese sind Werke des Geistes, also wäre das Materiestück nicht unabhängig vom Geist.

41: Vgl. 52, 827. Princ. § 29. Locke II, 8 § 10. Nach Locke rühren die primären Qualitäten von den Objekten her, während die sekundären subjektiv sind. Berkeley versucht, auch die primären in den Geist zu verlegen.

42: Vgl. 114. – Ehrenfried Walther von Tschirnhaus stellt in seiner „Medicina mentis“ (Amsterdam 1687) fest, daß wir Tastbares nicht sehen und Sichtbares nicht fühlen (Deutsche Ausgabe von J. Haussleiter nach der Ausgabe von 1695, Leipzig 1963, S. 81, 94, 104). Berkeley stimmt ihm zu.

43: Eine erste Antwort enthält 54. Doch später faßt Berkeley die sichtbaren Qualitäten als Zeichen für die tastbaren auf, s. TV § 139 ff. Diese durch Gewöhnung erfolgte Zuordnung hat zur Folge, daß beide jeweils durch *einen* Namen benannt werden.

44: Vgl. 154, 646, 701, 829. Luce sieht in dieser Bemerkung nur eine Durchgangsphase im Sinne eines scholastischen Definitionsversuchs, doch beschäftigt sich Berkeley hier wohl eher mit dem seine Hauptlehre berührenden Problem des Verhältnisses von Sein und Wahrnehmen.

45: S. Anm. 30.

46: Vgl. 50, 51, 299, 378 (14), 484, 496, 657, 861. Empfindungen können also nicht materiellen Dingen ähnlich sein.

48: Wahrscheinlich ist dies im Zusammenhang mit 9 zu lesen.

49: S. Anm. 32. Die drei Beweise werden in TV § 61, 110, 132 f. behandelt.

52: Vgl. 41, 80, 802. Das „aktive Wesen“ ist Gott.

53: Vgl. 167.

54: S. Anm. 43.

56: Vermutlich meint Berkeley hier noch, daß die mathematischen Aussagen einerseits in Bezug auf die tastbaren, andererseits in Bezug auf die sichtbaren Dinge wahr seien, was er aber später leugnet (Anm. 101). Luce führt als zweite Interpretationsmöglichkeit an, daß Berkeley hier zwischen Theorie und Praxis unterscheide (wie im „Analyst“), doch spricht Berkeley dort nicht in beiden Fällen von „Wahrheit“. Auch der ‚Kontext‘ im Tagebuch spricht für die erste Deutung.

59: Vgl. 63, 65, 70, 116, 250, 272, 273, 277, 321, 343–

345, 439–442; TV § 54, 79–83; Princ. § 132. *minimum tangibile* (m.t.), *minimum visibile* (m.v.), *minimum sensibile* (m.s.) sind die kleinsten (noch wahrnehmbaren) Teile der sinnlichen Vorstellungen. Sie sind ausgedehnt, aber unteilbar. Die Lehre von den sinnlichen Minima bildet u.a. einen Grundpfeiler für Berkeleys Kritik an der Mathematik.

60: Vgl. 64, 339, 436, 723. Luce zweifelt, ob hier mit den Teilchen Berkeleys sinnliche Minima oder materielle Partikel gemeint seien. Berkeley hatte hier wie auch in 64 zunächst „Homoemeries" (vgl. Anaxagoras) geschrieben. Wie auch das Randzeichen bezeugt, geht es um die Materie, die als selbständige auch schon vor der Erschaffung der wahrnehmenden Lebewesen existiert haben könnte. Berkeley muß dem Einwand begegnen, daß die Gestirne nach dem Schöpfungsbericht zunächst existierten, ohne wahrgenommen worden zu sein. Vgl. 293, 436 und Drei Dialoge (III am Ende).

62: Der Sehstrahl wird zu einem Punkt, weil der ‚Blinde' die Entfernung (von sich) nicht sehen könnte.

63: S. Anm. 59.

64: S. Anm. 60.

65: S. Anm. 59, 63.

66: S. Anm. 59.

67: Vgl. 72.

68: Vgl. 836.

69 und 70: Vgl. TV 131.

70: S. Anm. 59.

71: Locke II, 23 § 23 ff.

72: Vgl. 67, 73.

73: Vgl. 72. Will zeigen, daß jede gesehene Ausdehnung begrenzt ist.

74: Vgl. Princ. § 18.

75: Zur Teilbarkeit s. 81, 236, 237, 247, 248, 261, 263, 306, 314, 322, 341, 342, 364, 381, 393, 462, 463, 877. Isaac Barrow (1630–1677), Mathematikprofessor in Cambridge (Vorgänger Newtons), vergleicht in den „Lectiones mathematicae" (London 1684, p. 55, lect. III) den geometrischen Punkt mit der Null oder dem „arithmetischen Nichts".

76: wiederholt in 534. Locke dehnt die Behauptung an der angegebenen Stelle auch auf sekundäre Qualitäten (Gerüche, Farben) aus.

77: Vgl. 677.

78: Vgl. III, 105, 106.

79: Michel-Angelo Fardella (1650–1718), italienischer Gelehrter, ein Franziskaner, der mit Leibniz im Briefwechsel stand, behauptete in seinem „Universae philosophiae systema" (1691, p. 521 ff.) ähnlich wie Malebranche, daß die Existenz der Außenwelt nicht eingesehen werden könne, sondern nur auf Glaube und Offenbarung beruhe.

80: Vgl. 84.

81: Vgl. 75.

82: Ein „Würfel mit unscharfen Kanten" wäre kein „Würfel" im eigentlichen Sinne dieses Wortes.

83: Vgl. 4, 13, 590, 650–652. Wenn man das zeitliche Dasein nicht, wie es Berkeley fordert, in die Folge der Vorstellungen legt, gibt es täglich Intervalle der Bewußtlosigkeit, d. h. dem Todeszustand vergleichbare Zustände. Nach Berkeleys Lehre gibt es solche „Zeitintervalle" nicht.

84: Zur Einzahl vgl. 714. Zu Kräften vgl. 80, II, XXII.

85: Vgl. 21, 722. Die Lage verändert die Linie bzgl. der Wahrnehmung, vgl. 87, 120.

86: Die Frage wird in 400 für die sichtbare Ausdehnung, in 445 und 446 allgemein aufgegriffen und verneint.

87: Vgl. 85, 297; TV § 61.

88: Vgl. 132. Berkeley denkt nicht nur an beliebige Maßeinheiten, sondern, wie das Randzeichen deutlich macht, an die *minima sensibilia* (s. 59).

90: S. Anm. X.

92: Vgl. 3. Anspielung auf Psalm 90, 4 oder 2. Petrus 3, 8. Vgl. Malebranche I, 8 § 2.

93: Möglicherweise ein Zitat aus Locke II, 18 § 4, wo es allerdings heißt, daß manche Farben als die verschiedenen Grade oder Schattierungen einer einzigen Farbe gelten. Vgl. 502, 503, 526.

94: Vgl. 182, 186–191, 195–199, 206, 208, 210, 211, 213, 229, 232, 233, 244, 256, 302–303, 603, 726. Berkeley leugnet die übliche Auffassung, nach der die Sehwinkelvergrößerung für die optische Vergrößerung ausschlaggebend ist. Er meint, daß verworren und/oder matt gesehene Dinge für klein und/oder entfernt gehalten werden, klar gesehene für groß und/oder nahe. Vgl. TV § 21, 22, 31, 52.

95: S. Anm. 32; vgl. 97; TV § 41 und 79.

96: Vgl. De Motu § 53.

97: Vgl. 116, 169, 271. – Der erste Beweis ist in TV § 85, 86 ausgeführt, der zweite in der Tagebucheintragung 169. Zu beiden vgl. Drei Dialoge I (gegen Ende).

98 und 99: 98 steht auf der Seite gegenüber von 99, ist also als eine spätere Bemerkung zu 99 zu lesen, was Luce allerdings leugnet. Berkeley betont jedoch in beiden Eintragungen die Realität der Dinge und ihre Unverfügbarkeit für unseren Willen (vgl. 429, Princ. § 29, 34). Die Bäume im Park, aber auch die Verknüpfung von Körperbewegung und einwirkender Kraft folgen nicht beliebig unserem Willen. Vgl. 185, 185a.

100: S. Anm. 32; vgl. 282.

101: Berkeley behält diese Auffassung bei, s. TV § 149–159. Berkeley gründet seine Auffassung vor allem darauf, daß das Auge die dritte Dimension nicht liefern kann. Thomas Reid unterscheidet dagegen zwischen der Geometrie des Tastbaren und der Geometrie des Sichtbaren. Die erste sei euklidisch, die zweite nichteuklidisch. Diese nichteuklidische Geometrie beruht auf einem Gedanken, den Berkeley in 204 bemerkt hat, daß nämlich die visuelle Sphäre für das Auge keine Kugelfläche, sondern eine Ebene sei. Allerdings bemerkt Berkeley nicht, daß es sich hierbei um eine nichteuklidische Ebene handelte, auf der sich je zwei Geraden schneiden. Zu Th. Reid s. W. Breidert, Die nichteuklidische Geometrie bei Thomas Reid, in: Sudhoffs Archiv 58 (1974), S. 235–253.

102: Vgl. 126, 148, 172, 278; vgl. TV § 88 ff. Das Sehen liefert nicht die Vorstellungen von „oben“ und „unten“, sie werden erst vom Tastsinn mittels der Augenbewegungen auf den Gesichtssinn übertragen.

103: Vgl. TV § 60.

104: Vgl. 110, I; TV § 109, Princ. § 12. Dagegen hatte Locke II, 8 § 9 die Zahl zu den primären Qualitäten gerechnet.

105 und 106: Vgl. 78, III.

107: „Macht“ = „power“ = „Kraft“.

108: Vgl. 137.

109: Vgl. 131. – „Bestand haben“ = „subsist“.

110: Vgl. 104, I.

111: Die Wahrnehmungen von sichtbarer Ausdehnung

und Farbe werden von Berkeley für untrennbar gehalten. Vgl. 121, 242, 253, 318, 362, 494.

111a: Damit soll die Frage von 111 als sinnlos erwiesen werden.

112 und 113: Vgl. 326. 112 stellt ein bloßes Referat der Meinung Lockes dar. 113 verweist auf Lockes Bemerkung, daß er auch so reden werde, als ob die Vorstellungen in den Gegenständen wären, wenn er nur die Eigenschaften in den Gegenständen meint, die die Vorstellungen hervorrufen. Berkeley ist an dieser „Annäherung" von Vorstellung und Gegenstand interessiert.

114: s. Anm. 42.

115: Vgl. 369, 408, 448a, 553, 581, 644, 660, 872. „Vorstellung von einem Ding" verführt dazu, das Ding als etwas Selbständiges, Geistunabhängiges aufzufassen, wobei „von" die Herkunft der Vorstellung anzeigt.

116: Vgl. 59, 97, 271.

117: Vgl. 261.

118: Vgl. 12.

119: S. Anm. 31.

120: Vgl. 85, 87.

121: Zum Blinden s. Anm. 32. Zu Farbe und Ausdehnung s. Anm. 111.

122: Vgl. 150; TV § 79. Für das Sehen sind solche Kreise kongruent.

123: Vgl. 417–419, 448; s. Locke II, 17 § 8.

124: Das Problem entsteht daraus, daß alles Sichtbare eine Kugeloberfläche (visuelle Sphäre) füllt, auf der es keine Ebenen und Geraden gibt. Anders Thomas Reid in seiner „Geometry of Visibles" (s. Anm. 101).

125: S. 140, 302; vgl. TV § 67–78. Die Frage wird in 171 wiederholt. Es ist zu beachten, daß Berkeley zwischen der sichtbaren Ausdehnung (visible extension) als dem unmittelbaren Objekt des Sehens und der scheinbaren Größe (apparent magnitude) als dem mittelbaren Objekt des Sehens, bei dessen Größenschätzung andere Vorstellungen (z. B. des Tastsinns) mitspielen, unterscheidet. Schopenhauer greift die Frage der Größenschätzung der Gestirne wie viele andere Fragen im Sinne Berkeleys auf (Welt als Wille und Vorstellung I § 6), korrigiert sich dann aber in seinen Vorlesungen (ed. Deussen, Bd. 9, S. 188). Das Problem war von William Molyneux und John Wallis in den „Philosophical Transactions" (1687), pp. 314–329 (mit Bezug auf frühere Autoren) behandelt worden.

126: S. Anm. 102.

127: S. Lukas 23, 43, wo Jesus zu einem der Mitgekreuzigten sagt: „Heute wirst du mit mir im Paradiese sein." Vielleicht ist die Frage gemeint, ob es sinnvoll ist, von „*heute* im Paradies" zu sprechen. – Berkeley war mit mehreren Mitgliedern der Familie Deering bekannt, die mit seinem Freund Sir John Percival, später Earl of Egmont, verwandt war.

128: scheint im Gegensatz zu 67 zu stehen. Luce verweist auf 364, das Randzeichen eher auf 136.

129 und 130: Dieselbe Bewegung kann einem langsam, einem anderen schnell erscheinen.

131: Vgl. 109.

132: Im ersten Teil wird der mathematische, abstrakte Begriff „Größe" behandelt, während der zweite Teil sinnlich wahrnehmbare Größen im Sinne Berkeleys betrifft. „infinit" = „unendlich"; „indefinit" = „ohne Grenzen", „unbestimmt" (vgl. 289).

134: gegen Locke II, 15 § 9.

137: Vgl. 108, 241.

138: Berkeley hebt immer wieder die Heterogenität hervor, doch spricht er nicht beiden Ausdehnungsarten denselben Status der Selbständigkeit zu. Die sichtbare Ausdehnung bleibt ein bloßes Zeichen, das die tastbare bedeutet.

139: Einleitung der „Prinzipien der menschlichen Erkenntnis".

140: S. Anm. 125.

141–146: Eine Gruppe von Eintragungen zu den Themen Wille, Kraft, Person, Handlung; vielleicht durch die Lektüre von William Kings Buch angeregt (s. 142) und durch Locke II, 21 § 71, der freie Handlungen aus einem Unbehagen bzw. Begehren hervorgehen läßt. Berkeley versucht, diese Auffassung *ad absurdum* zu führen: Aus 143 und 144 würde mit 145a auch 145 gelten. Vgl. 149, 156–161.

142: Vgl. 159, 166. – „A.B." = „Archbishop" of Dublin = William King (1650–1729). Die Eintragung bezieht sich auf dessen Buch „De origine mali" (1702).

145–146: Vgl. 357, 610–613, 616, 624, 626–632, 635, 653, 654, 875, 879, Anhang a–f. Das Problem der Freiheit des Willens wird später auch im „Alciphron" VII, 16 ff. behandelt. Locke II, 21 § 4 verwendet das Bild von den Billardkugeln im gleichen Zusammenhang.

147: Vgl. 170, 501. – Wahrscheinlich ist die „Schwierigkeit" gemeint, die I. Barrow in seinen „Lectiones opticae" (London 1669, p. 125 sq., Lect. 18 § 13) als unlösbar für alle Theorien des Sehens hinstellt: Weniger divergierende Strahlen deuten auf größere Entfernung, parallele Strahlen auf größte Entfernung. Man sollte erwarten, daß konvergierende Strahlen auf noch größere Entfernung verweisen, aber die Erfahrung widerspricht diesem. W. Molyneux referiert diese „Schwierigkeit" in seiner „Dioptrica Nova" (1692), p. 118 (Pars I, Prop. 31 § 9). Berkeley zitiert jene Stelle von Barrow in TV § 29.

148: S. Anm. 102.

149: S. Anm. 141–146.

150: S. Anm. 122. „Ein einfaches Experiment" ist z. B. die Verdeckung eines entfernten Turms durch den Daumen.

151–153: Vgl. 662, 664. – Kritik an Lockes Lehre, daß Farben und Töne einfache Vorstellungen und als solche undefinierbar seien (Locke II, 3 und III, 4 § 4).

154: Vgl. Locke II, 6 § 2. Später verwirft Berkeley die Auffassung, daß die Seele definierbar (178) und daß sie uns durch Vorstellungen bekannt sei (230).

156–161: S. Anm. 141–146.

156: Dazu Locke II, 21 § 25 sowie Schopenhauers Begriff der empirischen Freiheit („Frei bin ich, wenn ich tun kann, was ich will") und seine darüber hinausgehende Frage: „Kannst du auch wollen, was du willst?" (Preisschrift über die Freiheit des Willens, hrsg. v. H. Ebeling, Hamburg 1978, S. 42). Beide sehen hier einen unendlichen Regreß beginnen (vgl. 161).

159: S. Anm. 142.

160: Locke II, 21 § 38 argumentiert gegen die Auffassung, daß das größere Gut den Willen bestimme, zugunsten der Bestimmung des Willens durch Unbehagen.

161: S. Anm. 156.

162 und 163: Vgl. 239.

164 und 165: „Gedanken" = „thoughts" gleichbedeutend mit „Vorstellungen" = „Ideas"; so auch 181, 194, 226, 228, 280, 282, 286, 293, 299, 437.

166: S. Anm. 142.

167: Vgl. 53. Die Behauptung wird für die Bewegung in 184 wiederholt, aber in 450 wieder zurückgenommen.

168: Zum Berührungswinkel 309, 381, auch 432. Zu den Fluxionen 333 und „Analyst".

169: S. 97, vgl. TV § 79.

170: S. Anm. 147, vgl. 182 + 183.

171: S. Anm. 125.

172: S. Anm. 102.

173: Man könnte an Princ. § 30–32 denken, wo die Naturgesetze als Offenbarung der Weisheit Gottes angesehen werden, doch scheint Berkeley eher die Frage auf die Verknüpfung von Gesichts- und Tastsinn einzuschränken.

174: Vgl.: 262.

175: Zu „punctum visible" s. Anm. 59. Vgl. TV § 83–87, wo geleugnet wird, daß die Erweiterung unseres Sehens bzw. Vermehrung der sichtbaren Punkte eine Verbesserung bedeute, denn dann fiele die gewohnte Verknüpfung zwischen Sichtbarem und Tastbarem weg.

176 und 176a: Vgl. 178, 223, XXV; Princ. § 144; Locke III, 1 § 5.

177: Locke (II, 23 § 35) hatte die Gottesvorstellung als zusammengesetzt aus Macht, Wissen, Unendlichkeit usw. bezeichnet.

177a: Wird 348 wiederholt. Vgl. 812. Jean Le Clerc, Logica, Pars I, cap. 8 § 5. Le Clerc (Clericus), protestantischer Theologe (1657–1736), übersetzte Lockes „Inquiry" ins Französische, stand philosophisch Malebranche nahe, gab die „Bibliothèque Choisie" heraus, in der auch Berkeleys TV rezensiert wurde.

178: Vgl. 153, 154, 176, 176a, 537.

180: Luce verweist auf Molyneux' „Dioptrica" pp. 138 und 250 und bemerkt, „strait" könne auch „nahe" bedeuten; der „orbicular lattice" sei das Mikrometer. Doch ist hier wohl Hechts Deutung vorzuziehen, wonach es sich um einen Hinweis auf eine optische Täuschung handelt: Geraden scheinen in der Nachbarschaft von Kreislinien gekrümmt zu sein.

181: „größere Ausdehnungen: größere tastbare Ausdehnungen. „Gedanken" s. Anm. 164.

182 und 183: Vgl. 170.

182: S. Anm. 94.

183: „Blinder“: gemeint ist ein zum Sehen gebrachter Blinder, s. Anm. 32 (Molyneux-Problem).

184: Vgl. 167.

185 und 185a: Vgl. 98, 99, 293a zur willensunabhängigen Existenz. 98a, 185a, 293a sind spätere Zusätze.

186–191: S. Anm. 94.

191: Vgl. 182, 197, 198, 206.

192: Vgl. 194, 194a, 568, 681. Locke II, 27 § 1.

192a: von Berkeley gestrichen.

194: S. Anm. 192. – Locke II, 27 § 2. „Gedanken“: s. Anm. 164.

195–199: S. Anm. 94.

200–202: Locke (II, 27 § 9) legt die Identität der Person in ihr Selbstbewußtsein. Bzgl. 201 verweist Luce auf Locke (II, 27 § 9), wo die Seelenwanderung behandelt wird, und vermutet, daß sich die Bemerkung auf einen diesbezüglichen Bericht bezieht. (Zu Familie Deering s. Anm. 127). „im letzten Paragraphen“ = Locke II, 27 § 29 (letzter § dieses Kapitels), wo Locke den Menschen als bloßes Seelenwesen von dem Menschen als Leib-Seele-Wesen unterscheidet.

203–206: S. Anm. 94 (über Größenwahrnehmung).

204: S. Anm. 101.

205: Luce nimmt irrtümlicherweise den ersten Satz noch zu Nr. 204.

206: „Anstrengung“: Anstrengung, die Augenlinsen zu verändern; vgl. 210.

208: S. Anm. 94.

210 und 211: Vgl. 206; s. Anm. 94.

212: Bezieht sich auf die Einleitung der Princ. – „Beweisführung“ = „demonstrating“; vgl. 378, 379, 551, 586, 693, 719, 804, 858. Berkeley unterscheidet kurzes vernünftiges Urteilen (short reasoning), bei dem der Mensch die Vorstellungen „vor Augen“ hat und daher nicht irren kann, und einen (längeren) Beweis (demonstration), der nur mit Hilfe von (leicht irreführenden) Wörtern möglich ist. Luce meint, Berkeley schränke die Forderung nach Beweisen für seine eigene Lehre später ein, doch 858 enthält nur einen didaktischen oder taktischen Ratschlag, vor seinem Leser nicht zu viel von Beweisen zu reden, weil das die Erwartung zu hochschrauben könnte und weil Beweise immer Wörter verwenden, so daß ein scheinbarer Widerspruch mit Berkeleys wiederholter Warnung vor leeren Wörtern entstehen könnte.

214: Vermutlich unterschied Berkeley nicht zwischen der Kugelfläche der Retina und der visuellen Sphäre, s. Anm. 296. Dagegen steht Anm. 268.

216: Vgl. 220.

218 und 219: „m.v.“ = „minimum visibile“ (s. Anm. 59); vgl. 214, 257. Malebranche I, 6 § 1.

220: Wird in TV § 66 fast wörtlich verwendet. – „Entfernung“: auf der gegenüberliegenden Seite stehende Korrektur für „Ausdehnung“. – Die sichtbaren Vorstellungen verweisen nach Berkeley wie Zeichen (Wörter) auf tastbare, nur ist dabei die Willkür der Verknüpfung nicht so groß wie bei den konventionellen Sprachen. Vgl. 216 und TV § 50 f.

221: Locke (II, 31) hatte zwischen adaequaten und inadaequaten Vorstellungen unterschieden. Für Berkeley sind alle Vorstellungen, sofern in ihnen nichts ist, was wir nicht perzipieren, vollkommen bekannt und daher adaequat (vgl. Princ. § 87), während die Naturgesetze von Gottes Willen abhängen und daher nicht adaequat erkannt werden können (vgl. Princ. § 63).

222: Primäre und sekundäre Qualitäten sind beide vom Geist verschieden. Die Dinge sind nichts anderes als Vorstellungskomplexe.

223: Vgl. 176, 176a, 178.

226: „Gedanken“ s. Anm. 164.

228: „Gedanken“ s. Anm. 164.

229: S. Anm. 94.

230: Vgl. 358. Berkeleys Lehre hat einige Gemeinsamkeiten mit der Malebranches, über dieses Verhältnis s. A. A. Luce, „Berkeley and Malebranche“, Oxford 1934.

231: nämlich mittelbar. Vgl. TV 9, 23, 65.

232 und 233: S. Anm. 94.

234: „Korpuskularianer“ = Atomisten, vor allem die Kartesianer. Locke IV, 3 § 16 erwähnt die „Korpuskular-Hypothese“ zustimmend. Zu Nominal- und Realwesen III, 6 § 2ff.

236 und 237: Vgl. Anm. 75; Princ. § 125.

239: Vgl. 162 und 163, 730–731a.

241: Vgl. 137.

242: S. Anm. 111.

244: S. Anm. 94.

245: Berkeley hält die Quadratur des Kreises (d. h. die

Angabe eines Quadrats, das mit der Kreisfläche flächengleich ist) aufgrund seiner Lehre von den sinnl. Minima für ausführbar. Kurven sind Polygonzüge. Vgl. 249–251, 340, 395, 457, 458, 469, 470, 481, 482, 500, 510, 511, 527.

246: Bemerkung zum Molyneux-Problem s. Anm. 32.

247 und 248: S. Anm. 75.

249–251: S. Anm. 245.

250: m.v. = minimum visibile s. Anm. 59. Das *minimum visibile* ist als das kleinste und damit unteilbare Element für alle sehenden Wesen gleich, die Verschiedenheit ist nur als unterschiedlicher Sehwinkel (Kreisbogen auf der visuellen Sphäre s. 256) angebbar.

252: Im Alltäglichen kommt es nicht auf absolute mathematische Genauigkeit an. Auch gegenüber philosophischer Spitzfindigkeit verweist Berkeley auf das Alltägliche (z. B. 703). Die Alltags*sprache* wird in Princ. § 51 allerdings nur pro forma beibehalten.

253: Vgl. 259, 267, 317, 342, 365a, 373, 483. „bloße Linie": Linie im Sinne der klassischen Mathematik. Für Berkeley sind wahrnehmbare Linien aus Minima zusammengesetzt (s. Anm. 59). Zu Farbe und Ausdehnung s. Anm. 111. S. auch Anm. 21.

254: Hier wird das bloß begriffliche, anschauungslose Denken von der anschaulich erfüllten Vorstellung unterschieden. Länge ohne Breite ist denkbar, aber nicht anschaubar. Berkeley berührt hier den Kantischen Dualismus von Begriff und Anschauung.

256: Vgl. 296; s. Anm. 94. Die visuelle Größe der Gegenstände ist nicht proportional ihrer tastbaren Größe. m.v. = minimum visibile (s. Anm. 59); s.v. = sphaera visualis (Sphäre des Sichtbaren).

257: Vgl. 218 und 219. Malebranche I, 6 § 1.

258 und 259: Vgl. 29, 253, 263, 264. m.v. = minima visibilia (s. Anm. 59). „Sophisma": Wenn die Fläche zwischen zwei Parallelen aus dazwischenliegenden Parallelen bestünde, gäbe es mit einer dazu senkrechten Geraden ebensoviele Schnittpunkte wie mit einer dazu schrägen Geraden.

260 und 261: S. Anm. 11 und Anm. 75; vgl. 117.

262: Vgl. 174.

263: Vgl. 29, 258, 264. – Im Text steht „indivisibility" (Unteilbarkeit). Zur Teilbarkeit s. Anm. 75. – I. Barrow,

Lectiones mathematicae, London 1685, p. 55 (Lect. III).

264: Vgl. 258.

267: S. Anm. 253. Die Frage wird 276 beantwortet.

268: Vgl. 274, 275. – In TV § 50 u. 51 unterscheidet Berkeley zwischen den eigentlichen Sehobjekten (images) und Abbildungen auf der Retina (pictures), die er für tastbare Gebilde hält.

269: Malebranche I, 6 § 1.

270 und 271: Vgl. 287–290.

270: Zur „Verwunderung" s. 279.

271: Vgl. „mikroskopische Augen" 97, 116.

272 und 273: S. Anm. 59. – Vgl. 277.

274 und 275: Vgl. 268.

276: Antwort zu 267.

277: Vgl. 272, 273.

278: s. Anm. 102.

279 und 280: Vgl. 270, 378. – Zu „Gedanken" s. Anm. 164. – Im Manuskript scheinen diese beiden Bemerkungen *eine* Eintragung zu bilden. 279 und die Worte „Es ist keine Zauberei, zu sehen" stehen am Ende von fol. 145, dort folgten noch die gestrichenen Worte, „(daß) wir nur unsere Gedanken oder, was diese . . . kennen". Die neue Seite beginnt mit „unsere einfachen Vorstellungen". Trotz des neuen Randzeichens muß es sich um eine Fortsetzung des Vorangehenden handeln, wie aus dem späteren „und daß" ersichtlich ist.

281: Vgl. 404. – Vgl. Princ. § 82.

282: Vgl. 100, 293, 293a. – „Gedanken" s. Anm. 164.

283 und 284: Vgl. 287–290, 400, 443, 460. – Ganzheitsphänomene wie die Ausdehnung einer Ebene setzen sich demnach nicht additiv aus ihren Elementen zusammen, sondern beruhen auf besonderen Leistungen des Geistes.

285: Vgl. 19, 291, 303–305, 363, 379, 402, 407, 410, 411. – Das Prinzip ist Berkeleys immaterialistische Grundthese, daß Existenz in Wahrgenommenwerden oder Wahrnehmen bestehe (429, 429a). Die Entdeckung des Prinzips setzt die Unkenntnis bzgl. der vom Subjekt unabhängigen Materie voraus.

287–290: Vgl. 270, 271, 283, 284. – „indefinite Ausdehnung" vgl. 132. – Zu „Gott ausgedehnt" s. Anm. X.

291: S. Anm. 285.

292: Keine Entschuldigung, Widersprüche zu akzeptieren. Vgl. 350, 350a. Princ. Einf. § 2, 3.

293 und 293a: Vgl. 282. – „Gedanken" s. Anm. 164. „Fähigkeiten" = „powers" = „Kräfte". „Einwände gegen die Schöpfung" s. Anm. 60.

294: Locke I, 4 § 20 verneinte es.

296: S. Anm. 256. – W. Molyneux hatte das Problem aufgeworfen, aber ausdrücklich ungelöst gelassen. Berkeley meint, an der Verkleinerung des Winkels des m.v. eine Vergrößerung der Entfernung zwischen Linse und Netzhaut ablesen zu können. Vielleicht glaubte er, eine solche Entfernungsvergrößerung müsse auch eine Vergrößerung der s.v. mit sich bringen (vgl. 214).

297: Vgl. 87.

298: S. Anm. X. – Locke II, 13 § 27 und 15 § 2 faßt den Raum als unendlich und vom Körper verschieden auf. Henry More (1614–1687), „Enchiridium Metaphysicum" I, 8 (Opera, London 1679, Nachdr. Hildesheim 1966, t. II, 1 p. 169). More vertritt gegen Descartes die Meinung, die Existenz eines unendlichen Raumes getrennt von der Materie bedeute eine ausgedehnte Gottheit. Joseph Raphson, „De spatio reali seu ente infinito", London 1697, cap. V, prop. 13. Vgl. Analyst § 50 (Frage 14), De Motu § 54. Nach Berkeley sind wir nicht räumlich in Gott, sondern sofern er alle Vorstellungen enthält (vgl. 675).

299: Vgl. 46. „Gedanke" s. Anm. 164.

302–303: S. Anm. 94. s. Anm. 125. Über die Abhängigkeit der Größe von der Höhe s. TV § 79.

304: Vgl. 411: „Prinzip" s. Anm. 285. – Wenn die Erkenntnisobjekte unabhängig vom Geist existieren, ist keine Gewißheit bzgl. der Übereinstimmung zwischen der Erkenntnis und ihrem Objekt zu erlangen.

305: Vgl. 517a, 518, 783, 807; Princ. § 34.

306: Berkeley hält diese mathematischen Probleme für absurd, weil es in seiner Lehre keine unendliche Teilbarkeit gibt (s. Anm. 75).

308: Charles Hayes, „Treatise of Fluxions", London 1704. John Keill, „Introductio ad veram physicam", London 1702, p. 35 ff.

309: Vgl. 168, 381. – Die um die Spitze des Berührungswinkels geschlagenen Kreisbogen ergeben nicht ähnliche Bogen wie bei geraden Winkeln.

310: S. Anm. X.

311: Vgl. TV § 44.

312: Zu 1: S. 305, 429; Princ. § 34. – Zu 2: S. Princ. § 30, 62. – Zu 3: S. 354, 356, 522, dagegen 730–731a. – Zu 4: S. Princ. § 61; Drei Dialoge III (Works II, p. 248).

313: Vgl. 330, 336, 383, 383a. Im „Analyst" (§ 19) hält Berkeley den Mathematikern selbst ihren Mangel an Exaktheit vor, aber nur, um sie verächtlich zu machen.

314: S. Anm. 75.

315: Vgl. 340.

316: S. Anm. 30.

317: S. Anm. 253.

318: Die Frage bildet im Manuskript eine eigene Zeile. Man könnte sie also wie Fraser als gesonderte Eintragung nehmen. Der Inhalt spricht dagegen, sie zu 317 zu ziehen, wie es Belfrage vorschlägt. Zur Beantwortung der Frage s. 401. Zur Untrennbarkeit von Farbe und sichtbarer Ausdehnung s. 111.

319: S. Anm. 31. Eine Feder ist ja keine mathematische Linie.

321: S. Anm. 59.

322: Keill (s. Anm. 308) hatte p. 33 den Einwand der Atomisten, daß bei unendlicher Teilbarkeit die kleinste Größe der größten gleich sei, so verstanden, daß sie die hundert Teile einer Elle mit den hundert Teilen eines Fußes nur aufgrund der Zahlengleichheit gleichsetzten. Deswegen Berkeleys Ziel („ebenso große Teile").

323: S. Anm. 292.

324: Vgl. 317, 333, 337, 338, 488, Analyst § 8. – m. = minimum (sensibile), s. Anm. 59. Die auf sinnliche Wahrnehmung gegründete Mathematik könnte alle Größen unterhalb der Minima ebenso vernachlässigen, wie die Mathematiker (zu Berkeleys Zeit) Differentiale höherer Ordnung vernachlässigten. Dazu W. Breidert, ‚Momentum' und ‚Minimum', in: Archiv für Begriffsgeschichte 13 (1969), 76–78.

325: Vgl. 40.

326: S. Anm. 112 + 113.

327: Vgl. 409, 449, 492, 642.

329: Vgl. 332. „Maßstab" = „Scale" ist mehrdeutig, es

kann auch „Tabelle“ oder „Waage“ heißen. Berkeley plädiert für eine praktisch messende Mathematik im Gegensatz zu theoretisch berechnenden, denn was beim Messen nicht mehr wahrgenommen werden kann, existiert nicht.

330: Vgl. 313.

331: Newton, Principia mathematica II, 2 (Opera, ed. S. Horsley, London 1779–1785, Nachdr. Hildesheim 1964, II, p. 278). Vgl. Berkeley, A Defence of Free-Thinking in Mathematics § 26. Newtons Warnung bezieht sich auf die Fluxionen, die aber nach Berkeley endlich oder gar nichts sein müssen.

332: S. Anm. 329.

333: S. Anm. 324; vgl. 168.

334: „Lectiones mathematicae“ (s. Anm. 75).

335 und 336: Vgl. 468, 532. Berkeley greift außer dem Ideal der Exaktheit (313) auch das Ideal der Sicherheit für die Mathematik an. Zu Beweisen in der Ethik s. 755.

337 und 338: S. Anm. 324.

340: Vgl. 315; S. Anm. 245.

341–342: S. Anm. 11 u. Anm. 75; vgl. 372. Zu 342 (2) s. 253.

343–345: S. Anm. 59. „signum ...“ ist eine Definition des mathematischen Punktes. Es ist unklar, woraus Berkeley zitiert.

346: Bonaventura Cavalieri (1598–1647), Prof. der Mathem. in Bologna, lieferte in seinen Schriften („Geometria indivisibilium continuorum nova quadam ratione promota“, Bologna 1635; „Exercitationes geometricae“, Bologna 1647) anknüpfend an Gedanken der Scholastiker eine Indivisibilienmethode, die im 17. Jahrhundert eine vielbeachtete Lehre und von Leibniz als Vorgänger der Integralrechnung gepriesen wurde.

348: S. Anm. 177a, 812.

350 und 350a: Vgl. 292. Die Transsubstantiation wird in Princ. § 124 als widersprüchlich erwähnt. Fällt die „Entschuldigung“ weg, wird sie unbegründbar. Davon bleibt die Trinitätslehre, die ohnehin auf einem blinden Glauben beruht (584), unberührt.

351–358: werden teilweise wörtlich widerholt in 415–424.

354a: „nur Wörter“ vgl. 763.

355: S. Anm. 324 356: Vgl. 312 (3), 378 (1).

357: S. Anm. 145a.

358: Zu Malebranche s. 230. – Pierre Bayle (1647–1706), Dictionnaire historique et critique (auch in deutschen Übersetzungen), Artikel „Zenon".

360: Berkeley hält eine solche approximative Rektifikation von Kurven für ausreichend, ja für die richtige mathematische Rektifikation.

361: Vgl. 618. Berkeley hält Newtons Definition für zirkulär, vgl. Brief an S. Johnson (25.11.1729), Works II, 279/280. Siris § 319.

362: S. Anm. 111. – Zu Barrow s. Anm. 75. – „L.G.": Vermutlich „Lectiones geometricae", doch der genaue Bezug ist nicht nachgewiesen.

363: Einen „Beweis" liefert 378.

364–371: S. Anm. 372–376.

364: J. Keill, Introductio ad veram physicam, London 1702, p. 40 ff. (Lect. V).

365 und 365a: S. Anm. 253.

367: wiederholt in 387; vgl. 361. George Cheyne (1671–1743), Londoner Gelehrter und Arzt, Verfasser einer Abhandlung über die Fluxionsmethode („Fluxionum methodus inversa", 1703), macht die Wirkung der Trägheit an der Bewegung der Flüssigkeit in einem Gefäß klar („Philosophical Principles of Natural Religion", London 1705, p. 10; chap. I, § 7). Wenn die Materie unendlich teilbar wäre, müßte es unendlich viele solche Gefäße geben. Vgl. De Motu § 8, wo Berkeley Torricelli zitiert, der die Materie als „Zaubergefäß der Circe zur Aufnahme der Kraft und des Impetusmomentes" bezeichnet hatte. – Luce bezieht die Stelle auf Bemerkungen Cheynes über Blutgefäße.

368: Berkeleys wiederholte Berufung auf den *common sense* (405, 740, 751) gibt den Gegnern Gelegenheit, sich ihrerseits darauf zu berufen, wie es Jurin auch tat (s. G. Berkeley, „Schriften über die Grundlagen der Mathematik und Physik", hrsg. von W. Breidert, Frankfurt a. M. 1969, S. 30 f. und 35).

369: S. Anm. 115.

370: Joseph Scaliger (1540–1609) in einer Polemik gegen den Mathematiker Clavius in: „Scaligeriana", Cologne 1695, p. 95. Das Zeichen ‡ verweist auf 376.

371: „Winzigkeiten“ ist eine doppeldeutige Anspielung auf die inhaltliche Bedeutungslosigkeit der Infinitesimalmathematik und auf die Größe der Infinitesimalien selbst.

372–376: stehen auf der Seite, die 364–371 gegenüberliegt (fol. 159v) und sind als Kommentare zu diesen Eintragungen anzusehen. Berkeley selbst hat durch die Einfügungszeichen (Asteriske bei 365 und 365a; Zeichen ‡ 370 und 376) Zuordnungen angezeigt. Luce meinte, Berkeley habe erst nachträglich, als er merkte, daß er mehr Platz für seine Polemik gegen die Mathematiker brauchte, die linke Seite beschrieben, aber nicht als Kommentare zu den rechts stehenden Eintragungen. Es ist nicht einzusehen, warum Berkeley hier anders verfahren sein soll als sonst in seinem Manuskript.

372: Vgl. 384. – „Nihilarianer“ ist ein von Berkeley verwendeter satirischer Name für die Infinitesimalmathematiker, deren wissenschaftliche Gegenstände (Fluxionen oder Infinitesimalien) nach Berkeley bloße „Nichtse“ (vgl. 341) sind.

373: Vgl. 466, 605. S. Anm. 253.

374: „Sir Isaac“ Newton, „Principia mathematica“ Lib. I, Sect. 1, Scholium (Opera, ed. S. Horsley, London 1779, Nachdruck Stuttgart-Bad Canstatt 1964, Bd. II, p. 39/40).

377–380: 377 gegenüber von 378, nämlich auf fol. 160v, ist also ebenso wie 378a als Nachtrag dazu anzusehen. – 378 enthält drei Beweise 1–9, 10–15, 16–19, wovon der zweite und der dritte dasselbe auf verschiedene Art beweisen sollen. Zusammen bilden sie den in 363 ins Auge gefaßten Beweis für Berkeleys „Prinzip“ (379. Vgl. 407).

378: S. Anm. 212; vgl. 280.

378 (1): Vgl. 356.

378 (14): Vgl. 46, 47, 50, 51, 861.

381: S. Anm. 75; vgl. 313.

382: „Vernunftwesen“ vgl. 9, 410. – Der Sinn dieser Eintragung ist unklar. Vielleicht sind die „reinen Vernunftwesen“ eine ironische Bezeichnung der Mathematiker. Berkeley beherrscht ihr Metier, sogar besser als sie selbst (383). Vielleicht sind aber auch die Beweise der „Vorstellungsalgebra“ (378–380) gemeint. Luce verweist auf eine Stelle bei Kenelme Digby (Man's Soul, 1657, p. 142), der von einem einzigen wirklichen Augenblick spricht, der Glückseligkeit „nach der Arithmetik von Vernunftwesen vervielfältigt“ bringe. Luce meint, der Sinn der Eintragung sei, daß unsere

Sinnesobjekte für die erweiterte Auffassungsgabe himmlischer Wesen eine algebraische Notation sei, in der höhere Wahrheit gelesen werde. Dabei bleibt aber die Frage, wieso Berkeley diese Algebra auf „uns" bezieht, ungeklärt.

383a: Der erste Teil ist ein Nachtrag zu 383, der durch Asterisk als solcher gekennzeichnet ist. Der Rest von 383a ist eine eher selbständige Bemerkung gegen die Mathematiker.

384 und 385: Vgl. 372, 414, 428, 471, 509.

387: Wiederholung von 367.

388: Newton, „Optics" B. II, part III, Prop. IV–VII (Opera, ed. S. Horsley, London 1779–1785, Nachdr. 1964, Bd. 4, pp. 158–166). Malebranche behandelt die *materia subtilis* des Descartes in VI, 2 § 4.

389–394: stehen auf der sonst nur für Zusätze verwendeten linken Seite (fol. 163^{v}) gegenüber von 395–399, sind aber vielleicht aufgrund des wenigen Platzes am Ende des ersten Heftes dorthin geraten.

389: Jacques de Billy (1602–1679), franz. Mathematiker. Der Plural beruht wohl auf einem Irrtum Berkeleys. „m" bedeutet wohl „minimum" (59, 324) und „^{1}/m" die größte Länge.

390: Marsilius Ficinus (1433–1499) soll nach seinem Tode seinem Freund Michel Mercatius erschienen sein, um ihn vom Leben nach dem Tode zu vergewissern.

391: „Unheiligen" = „Profane": (blasphemische) Laien, die nicht an der richtigen theologischen Kenntnis teilhaben.

392–394: Mit „wir Iren" will Berkeley nicht dem Nationalismus huldigen, sondern es ist eher im Sinn von „wir einfachen, praktisch denkenden Menschen" zu verstehen (vgl. 398).

392: Vgl. 19. 393: S. Anm. 75. 395: S. Anm. 245.

396: „P." meint den Earl of Pembroke, April 1707 bis November 1708 Lord Lieutenant von Irland. Mit der „Abhandlung" ist nicht eine Schrift Berkeleys gemeint, sondern Lockes „Essay". Dieses Werk ist Pembroke gewidmet und die Widmung beginnt mit den Worten: „Diese Schrift ist unter Ihren Augen entstanden . . ." Berkeley widmete seine „Prinzipien der menschlichen Erkenntnis" ebenfalls Pembroke.

398: S. Anm. 392–394.

399: „Nihilarianer": s. Anm. 372.

400: Vgl. 283, 284, 443, 460; TV § 145. Berkeley unterscheidet zwischen der ganzheitlichen (simultan erfaßten) Ausdehnung und der mit Hilfe der Sukzession (Bewegung) vorgestellten. In jedem Falle ist der Geist an der Erzeugung der Vorstellung „Ausdehnung" beteiligt (vgl. Anm. 283 u. 284).

401: Vgl. 318. – „allgemeine" = „abstrakt allgemeine" = „abstrakte"; „Einleitung" = „Prinzipien der menschlichen Erkenntnis – Einführung".

402: S. Anm. 285. – „Erhaltung" bezieht Luce auf die göttliche Erhaltung der Dinge durch fortgesetzte Schöpfung, wie sie in Princ. § 45–48 diskutiert wird. Vielleicht bezieht sich die Notiz aber auf die Erhaltung der Kräfte (vgl. Streit zwischen Leibnizianern und Kartesianern um das wahre Maß der „Kräfte") und um die Wechselwirkung der Körper beim Stoß (vgl. 403, man beachte aber die *verschiedenen* Randzeichen).

403: Vgl. 433, 485, 493, 499, 677, 754, 850, 853–855. Berkeley läßt nur den Geist, letztlich Gott als Ursache von Vorstellungen zu. Naturwissenschaft ist daher phänomenalistisch als Untersuchung zueinandergehöriger Vorstellungen („Koexistenz von Vorstellungen") zu verstehen. Vgl. 461.

404: Die Herkunft des Zitats ist unbekannt. – Zum Vergleich mit der Bibel s. 281.

405: Vgl. 740.

406: „hypothetische" Herren: Kopernikus (vgl. 387) hatte sein System zunächst als bloße mathematische „Hypothese" eingeführt.

407: „mein Prinzip" s. Anm. 285. Der Beweis steht in 378.

408: Vgl. 427, 429, 670, 671. – Locke (II, 7 § 7) hatte die Existenz als eine Vorstellung bezeichnet, die uns mit jeder inneren oder äußeren Wahrnehmung vermittelt werde. – „Höhlen" vgl. Berkeleys Beschreibung der Höhle von Dunmore (Works IV, 241–243, 257–264).

409: S. Anm. 327.

410 u. 411: S. Anm. 285. – Die Differenz zu höheren Wesen bzgl. der Zeit bzw. der Sehfähigkeit wird in 9, 382, 749, 835 erwähnt. – „Skeptizismus" vgl. 304 und Princ. § 86–89.

412 u. 413: Berkeley untersucht die Ausdrücke für Sein bzw. Substanz. Das hebräische Wort für „sein" wird in manchen Wörterbüchern mit „leben" verknüpft. Der griechische Ausdruck für „Substanz".

414: Vgl. 385.

415–424: teilweise wörtliche Wiederholung von 351–358.

417–419: Vgl. 123. – 419 bezieht sich auf die unendliche Teilbarkeit von endlichen Figuren.

425 und 426: Berkeley fordert eine Kritik an Euklid, die er analog zur neuzeitlichen Kritik an Aristoteles sieht. – Vgl. 117, 259.

427 und 427a: S. Anm. 19; vgl. 408, 472.

428: S. Anm. 384.

429: S. Anm. 19. – Erste explizite Formulierung von Berkeleys philosophischem Prinzip. Die objektive Realität der Dinge als Vorstellungen wird 427, 427a betont, die zweite Seite des Prinzips (Tätigkeiten des Geistes) in 429a.

429a: Ergänzung zu *percipere*.

430: S. Princ. § 101–117 und De Motu.

432: Ignatius Gaston Pardies (1636–1673), franz. Mathematiker, definiert in seinen „Elémens de géométrie“ (1671, übers. von John Harris 1701) den Winkel: „Wenn sich zwei Linien in einem Punkt treffen, heißt die Öffnung, der Abstand oder die Neigung zwischen ihnen ein Winkel.“ Es war unter den Mathematikern des 17. Jahrhunderts umstritten, ob der Winkel eine Größe oder eine Relation sei. Zum Problem des Berührungswinkels s. 168, 309, 381.

433: Vgl. 403, 850, 855, 856.

435: Malebranche (II p. I, 5 § 3) deutet das Gedächtnis als Spuren im Gehirn.

436: Vgl. 60. – Der Einwand gegen Berkeleys Idealismus, daß es vor dem Menschen schon Körper gegeben habe, entkräftet er mit dem Hinweis, daß es vor dem Menschen auch Licht gegeben habe. Der göttliche Geist ist das dafür erforderliche Subjekt.

437 und 437a: Vgl. 429. – Der Fehler der Annahme einer uns beeinflussenden Materie besteht darin, daß damit das passive Objekt zu etwas Aktivem wird. – „gedacht“ = „thought“ s. Anm. 164.

437a: Gibt den Fehler der Annahme an, daß es etwas vom aktiven Geist und seinen passiven Gedanken (Vorstellungen) Verschiedenes gebe. Sie bedeutet nach Berkeley die Annahme einer Materie, die Wirkungen hervorruft.

439–442: S. Anm. 59.

443: Bezieht sich auf Nr. 400. Gemeint ist die sukzessiv erfaßte im Gegensatz zur momentan, aber verworren erfaßten Ausdehnung. – Vgl. 460.

447: Vgl. 640. – Pascals Bemerkung, daß die Entfernung der Körper zum Geist unendlich und des Geistes zur *caritas* unendlich mal so weit sei, hält Voltaire für ein sinnloses Gerede (Voltaire, Oeuvres, tom. 32, 1785, p. 315, Remarques ... 16). – In TV § 112 wird zusätzlich betont, daß es nur zwischen gleichartigen Vorstellungen eine Entfernung gibt, also nicht zwischen sichtbaren und tastbaren.

448 und 448a: Vgl. 123. – Edmond Halley (1656–1742), Astronom, möglicherweise der „ungläubige Mathematiker", an den der „Analyst" gerichtet ist. Sein „An Account of the several species of infinite quantity, and of the proportions they bear one to the ether", ein vor der Royal Society gehaltener Vortrag (Philosophical Transactions 1692), ist gegen das Dogma, daß alle unendlichen Größen untereinander gleich seien, gerichtet. – In 448 hat Berkeley die eingeklammerten Wörter (wohl aus Angst vor dem Ausdruck „Vorstellung *von* etwas", s. Anm. 115) ausgestrichen, dann aber 448a hinzugefügt.

449: Vgl. Anm. 327.

450–451: Berkeley revidiert hier seine frühere Auffassung, s. Anm. 167. – Zur Definition der Bewegung s. De Motu § 43–66. Newton und Locke (III, 4 § 8, 9) vermeiden es, Bewegung zu definieren; Newton, weil sie allen bekannt sei, Locke, weil sie eine einfache Vorstellung sei. Newton erklärt nur die Begriffe der *absoluten* im Gegensatz zur *relativen* Bewegung („Princ. mathem.", Scholium ad definitiones; Opera, ed. S. Horsley, II, p. 7).

452: I. Newton, „Principia mathematica", Scholium ad definitiones (Opera, ed. S. Horsley, II, p. 8).

455: Newton (a.a.O., p. 11) setzt den *quantitates mensuratae* (rein mathematisch gemessenen Größen) die *mensurae sensibiles* (sinnlich wahrnehmbare Maße) gegenüber. Diese sind zwar nicht die physikalisch gemessenen, eigentlichen Größen, sondern nur die relativen, aber im üblichen Sprachgebrauch, wie auch in der Bibel gemeinten, wahrnehmbaren Größen.

456: Bezieht sich auf Newtons Eimerexperiment zum Nachweis des absoluten Raumes. Vgl. Princ. § 111, 114; De

Motu § 60. „vis impressa" = „eingeprägte Kraft" oder „einwirkende Kraft" steht bei Newton im Gegensatz zur „vis insita" = „Trägheitskraft".

457 und 458: S. Anm. 245. – Da Kreise für Berkeley aus endlich vielen Minima zusammengesetzt sind, gibt es kein konstantes Verhältnis zwischen Kreisfläche ($\sim d^2$) und rechtwinkligem Dreieck (aus Radius und Peripherie) bzw. Durchmesser und Viertel der Peripherie. – „arithmetisch quadriert", d. h. durch Auszählung der darin enthaltenen Punkte.

459: Cheyne (s. Anm. 367.), „Philosophical Principles of Natural Religion" 1705, p. 10 f. (Kap. 10) hält die Lehre von den unendlichen Größen für grundlegend in der Geometrie. Vgl. „Of Infinites".

460: S. Anm. 400.

461: S. Anm. 403. De Motu § 17, 18.

462 und 463: Vgl. 510. I. Barrow (s. Anm. 75), „Lectiones" (1665), London 1684, p. 16.

464: Vgl. 439. – Wendet sich gegen unsichtbare Elemente in den *minima sensibilia* (s. Anm. 59). Unterhalb der Minima gibt es nur noch Nichtse.

465: Vgl. „A Defence of Free-thinking in Mathematics" § 19.

466: Vgl. 373.

467: Gemeint ist wohl Locke, vgl. 688.

468: S. Anm. 335. Vgl. 532.

469 und 470: S. Anm. 245.

471: S. Anm. 384. „Nihilarianer" s. Anm. 372.

472–474a: S. Anm. 19, 427, 429, 535, 546. – Berkeley wendet die schwierige allgemeine Frage (472) in die vereinfachte Form, ob die nicht *aktual* durch die Sinne wahrgenommenen Dinge existieren, und beantwortet diese nur konditional damit, daß wir sie in der weiteren Bedeutung wahrnehmen, *wenn* wir diese Frage stellen. Die Frage enthielt aber diese Bedingung zunächst nicht.

477a: Vgl. 801. – „Our" = „unser" ist zur Betonung groß geschrieben.

479: Vgl. 651.

480: S. Anm. 59. – Möglicherweise meint Berkeley hier den Unterschied zwischen extensiver Größe (Punktanzahl) und intensiver Größe (Stärke der wahrgenommenen sinnlichen Minima). Dagegen aber 526.

481 und 482: S. Anm. 245.

482: John Wallis (1616–1703), englischer Mathematiker, „*Mathesis Universalis*", cap. XXIV, in „Opera mathematica", vol. I, Oxoniae 1695, p. 127–132.

483: S. Anm. 253. Vgl. 687 (allgemeines Dreieck).

484: S. Anm. 46.

485 und 486: S. Anm. 403.

487: Christian Huygens (1629–1695), „Horologium oscillatorium" (1673), deutsch: „Die Pendeluhr", hrsg. von A. Heckscher und A. von Oettingen, Leipzig 1918 (Ostwald's Klassiker d. exakten Wissenschaften Nr. 192).

488: Bruchteile von Sekunden. – Vgl. Anm. 324.

489: s. Anm. 59. Zur Zusammensetzung von Grün s. 502–505.

491: z. B. leugneten die Eleaten die Bewegung, vor allem Zenon in seinen Paradoxien.

492: Vgl. 574. Locke III, 10 (vor allem § 2). Zu Mathematiker s. Anm. 327.

493: Vgl. 403.

494: S. Anm. 111.

495: Berkeley berührt hier das von Wittgenstein („Philos. Untersuchungen") aufgegriffene Thema der Privatsprache.

496: S. Anm. 46.

499: S. Anm. 403, 754. – „Okkasion" = „Gelegenheit". Die Okkasionalisten (Geulincx, Malebranche) nehmen zur Verbindung von Körper und Geist an, daß Gott *bei Gelegenheit* der körperlichen Vorgänge in unserem Geist die entsprechenden Vorstellungen hervorrufe. Vgl. Princ. § 69 ff.

500: Vgl. 469, 470; s. Anm. 245.

501: S. Anm. 147.

502–505: Vgl. 489. – Newton erwähnt mehrmals verschiedene Arten von Grün („Optics", B. II, part I (Obs. 18), II u. III (Prop. VII); Opera, ed. S. Horsley, Bd. 4, pp. 134, 142 f., 161).

506: Th. Sprat, History of the Royal Society, 1667, p. 53.

507: Vgl. 808.

508: Hinweis auf Teil II des von Berkeley in drei Teilen geplanten, unvollendet gebliebenen Werkes. Teil I sind die bekannten „Prinzipien der menschlichen Erkenntnis" (s. Titelblatt der Ausgabe Dublin 1710). Auf Teil II (Ethik, Willens- und Geistlehre) verweist auch 878, auf Teil III (Naturphilosophie) 583. Dazu auch Anm. 676/677. Zum Problem der Freiheit s. Anhang a–f.

509: Quelle des Zitats unbekannt. Zur Hervorhebung der prakt. Mathematik s. Anm. 384.

510 und 511: S. Anm. 245, 462.

514–516: Axiom Nr. 4 in Euklids „Elementen" B. I. Zur Gleichheit auch Axiome Nr. 1–6. Vgl. 528, 529.

517: S. Anm. 22.

517a und 518: S. Anm. 305.

520: Vgl. 575.

521: Locke verwendet die alte Metapher von der Jagd nach Wahrheit (vgl. Nikolaus von Kues, „De venatione sapientiae") am Anfang seines „Briefs an den Leser", den er seinem „Essay" voranstellte.

522 und 523: S. Anm. 312 (3); s. Anm. 14; vgl. 847.

525: Vgl. 514–516.

526: „Maße" = „mode". – Vgl. 480.

527: S. Anm. 245.

528 und 529: S. Anm. 514. – Die Frage von 528 wird 531 fortgesetzt.

531: Bezieht sich auf 528. – „reiner Verstand" s. auch 810.

532: Vgl. 468.

533, 533': Luce nahm diese beiden Eintragungen als eine.

533': Vgl. 864.

534: Wiederholung von 76, s. Anm. 76.

535: S. Anm. 474.

536: Vgl. 474.

537: Vgl. 178.

537: Vgl. 178.

538 und 539: Vgl. 547. – Erkenntnis, jeglicher geistiger Akt, beruht nach Berkeley primär auf den Sinnen, so daß geistige und materielle Welt, Diesseits und Jenseits dadurch verbunden bzw. eins sind. – („Glück des Lebens" = „Happyness of the Life". Die Hervorhebung durch Großschreibung könnte auf das „jenseitige" Leben verweisen, wodurch der Gegensatz zu „gegenwärtig" verständlicher würde.) Vgl. Anm. 769; Princ. § 100.

540: Beziehungen gehören für Berkeley nur zum Erkennbaren im weiteren Sinne, vgl. den Zusatz zu Princ. § 82 in der 2. Ausg. und „Alciphron" VII, 12, 14 (3. Ausg.).

541: Vgl. dagegen 852.

543: Einen solchen Bescheidenheitstopos stellt auch L. Wittgenstein im Vorwort seinem „Tractatus logico-philosophicus“ voran.

544: Vgl. XXV. – „Verstand“ = „Understanding“ = „Verständnis“.

545: Vgl. 714, 763.

546: S. Anm. 474.

546a: Korrektur zu 546. – „there“ vielleicht eine Kontraktion aus „the“ (= „they“ vgl. Nr. 288, 363, 397) und „are“.

547: Vgl. 539, 563.

548: Malebranche (VI, 2 § 3) betrachtet unseren Willen nur als begleitende Gelegenheitsursache, nicht als eigentliche Ursache der Beinbewegung.

551: S. Anm. 212.

553: S. Anm. 115.

554: Locke II, 32 § 19 und IV, 5 § 2.

557–559: Vgl. 511. – Berkeley unterscheidet zwischen der praktischen Gleichheit bzgl. der Anwendung und der (von ihm geleugneten) abstrakten Gleichheit.

560: Berkeley hat entsprechende Schriften publiziert: „Passive Obedience“ und „Querist“. Dazu Paul J. Olscamp, „The Moral Philosophy of George Berkeley“, The Hague 1970 und G. Gawlick, „Menschheitsglück und Wille Gottes“, in: Philos. Rundschau 20, 1973, 24–42.

561: Berkeley zitiert erst den Paragraphen, dann das Kapitel! – Locke behandelt dort das allgemeine Dreieck, das weder schief-, noch rechtwinklig, weder gleich-, noch ungleichseitig usw. ist. Vgl. 687.

562: Vgl. 570.

563: Vgl. 547, 576–577.

564: F. Bacon, „Novum Organon“, I, 43 (idola fori). – Der letzte Satz („Was ...“) bildet wohl eine eigenständige Eintragung, denn im Manuskript beginnt eine neue Zeile mit der für einen Neuanfang charakteristischen Einrückung. Belfrage hält die Stelle für unvollendet, doch bezieht sich die Passage offenbar auf das Vorhergehende. Ob auf „Abstraktionslehre“ oder auf „Bacons Bemerkung“ ist unklar.

566: S. 588, 592, 600, 607, 648, 727. – Der einsame Mensch ist gleichsam auf sprachlichem Sektor die personifizierte *tabula rasa* und leistet hier ähnliche Dienste für die Untersuchung des Verhältnisses von Sprache und Vorstellung wie Molyneux' Blinder für die Untersuchung der Beziehung zwischen Seh- und Tastempfindungen (s. Anm. 32).

567: Vgl. 678, 688. Zur Nebelmetapher s. 642.

568: S. Anm. 192.

569: „Glück" und „gut" sind relativ. – Matthew French (Jr.) und Samuel Madden (1685–1765) waren Studienfreunde Berkeleys. Madden, ein Schriftsteller und Philanthrop, erhielt wegen seiner Befürwortung von Lern- und Fleißprämien den Spitznamen „Premium Madden".

570: Vgl. 562.

571: „Empfindung und Reflexion" = „Sensation and Reflection" sind die Grundbegriffe Lockes. – „das erste Buch" = „Prinzipien der menschlichen Erkenntnis" (s. Anm. 508).

574: S. Anm. 492.

575: Euklid, „Elemente" I, Def. 1: „Ein Punkt ist, was keinen Teil hat."

576–582: Behandeln „Seele" und „Geist". Vgl. 563. –

576a: Offenbar meint Berkeley, wir könnten keine Erkenntnis von einem Widerspruch haben, weil wir keine widerspruchsvolle Vorstellung haben könnten.

580: Vgl. 587.

581: „words" ist zweifelhaft, Aaron 1932, p. 277 liest „sounds".

582: S. Anm. 19.

583: „Vorurteil": daß es Einbildungen ohne vorausgehende Wahrnehmung gebe (s. 582). „Im dritten Buch" s. Anm. 508.

584: Zur Trinitätslehre s. Anm. 350.

585: „Empfindung und Reflexion" s. 571. – Am Ende von 585 folgen im Manuskript etwa drei unleserliche Wörter.

586: S. Anm. 212.

587: Vgl. 580.

588: S. Anm. 566. – Der Mensch ohne Gesellschaft hätte keine Sprache und daher, wie Berkeley meint, keine abstrakten Vorstellungen.

590: Vgl. 3. – „Person" s. Anm. 14.

592: Zum einsamen Menschen s. Anm. zu 566. – Berkeleys Sprachkritik scheint hier Ähnlichkeit mit Wittgensteins „Philosophischen Untersuchungen" zu haben, bezieht sich aber auf Locke IV, 8 § 3. Der zweite Beispielsatz ist von der Art der Axiome Euklids.

594: gegen Locke II, 11 § 10 + 11.

597: In Princ. § 77 greift Berkeley diesen Gedanken auf, doch sein „Unmöglichkeitsbeweis" läuft nur auf die (ironischerweise epikureische) Formel „nichts für uns" hinaus.

598: Locke II, 21 § 28–40.

599: Vgl. 707; Princ. § 28.

600: S. 566 mit Anm.

601 und 602: Locke II, 23 § 9 ff. nimmt an, daß wir körperliche Substanzen mit den Sinnen, aber nicht mit *einem* Sinn wahrnehmen. III, 6 § 39 werden Art- und Gattungsbildung auf die konventionelle Namengebung gegründet.

603: S. Anm. 94.

605: Locke nennt u.a. als Irrtumsquelle die Annahme falscher Grundsätze, die dann sogar dem Zeugnis der eigenen Sinne vorgezogen werden. Vgl. 373.

607: S. Anm. 566.

608: „Böswillige Partei" = „Malignant Party", royalistische Partei zur Zeit Cromwells.

610–615a: Vgl. 587. Zu Wille und Unbehagen s. Anm. 145.

615a: Steht im Manuskript unmittelbar unter 614a, bezieht sich auf 614, 614a, 615. Zur Änderung der Auffassung s. 848.

616: Vgl. 879.

617: Vgl. De Motu § 20. – Bewegungsprinzipien der platonisch-aristotelischen Tradition. Vgl. z. B. Henry More, „Enchiridium Metaphysicum" I, cap. 28 (Opera omnia, London 1679, Nachdr. Hildesheim 1966, II, 1, p. 328).

618 und 619: Vgl. 361.

624: S. Anm. 145.

626–632: S. Anm. 145.

634: Satirisch verfährt Berkeley mit den Mathematikern im „Analyst" und in „Defence of Free-Thinking in Mathematics".

635: S. Anm. 145.

636: S. Anm. XXV.

640 und 641: Vgl. 447.

642: Vgl. 567.

643: Nach „aktiv“ folgt noch ein unlesbares Wort, vielleicht „things“ = „Dinge“.

644: S. Anm. 115; Princ. § 39.

645: Vgl. 659.

647: S. Anm. 3–5.

648: S. Anm. 566.

650–652: Vgl. 479, 810, 842.

653 und 654: S. Anm. 145.

655: Vgl. Anm. 15. – Die Absurdität besteht nach Berkeley wohl darin, daß die angebliche Lichtbewegung wegen zu hoher Geschwindigkeit nicht als Bewegung wahrgenommen werden kann.

656: S. Anm. 571.

657: Vgl. 701, 828, 829, 870; S. Anm. 46.

657a: Die Vorstellung der Einbildungskraft ist ein Abbild der sinnlichen Vorstellung. Damit bleibt der zweite Satz von 657, aber trotzdem der Unterschied zwischen eingebildeten und wirklichen Vorstellungen erhalten.

658: Vgl. 661, 665, 673, 712.

659: „oder wahrnimmt“: entweder eine vorübergehende Auffassung Berkeleys (vgl. Princ. § 27) oder ein Versehen (denn trotz „noch einmal“ steckt diese Auffassung nicht in 658).

661 und 661a: Vgl. 667. – „Partikel“: Wörter wie „ist“ oder „ist nicht“, die jene Ausdrücke, die für Vorstellungen stehen, zu Aussagen verbinden. Vgl. Locke, III, 7 § 1. Sie stehen nach Locke für eigene Tätigkeiten des Geistes, nach Berkeley für Willensakte (vgl. Kants „Verstandesfunktionen“).

662: S. Anm. 151.

663: Vgl. 756.

664: S. Anm. 151.

665: S. Anm. 658.

666: Locke IV, 17 § 8 behauptet, nur das Einzelne sei der unmittelbare Gegenstand aller Begründung und allen Wissens.

667: S. Anm. 661.

668: S. Anm. 666.

669: Vgl. 683, 755; vgl. Locke IV, 3 § 18. Die Ethik behandelt nach Berkeley nicht Vorstellungen, sondern nur Wörter (vgl. 677, 690, 853).

670 und 671: Vgl. Anm. 408.

672–674: Vgl. 658, 712.

675: Vgl. 823; Drei Dialoge (III Mitte).

676 und 677: Vgl. 690, 853, auch 697, 739. – Knüpft an die klassische Definition der Wahrheit als Übereinstimmung zwischen Objekt und Subjekt (adaequatio rei et intellectus) an. Nach Luce entspräche die Dreiteilung der Erkenntnis der Dreiteilung des von Berkeley geplanten Werkes (s. Anm. zu 508). Danach müßte aber, da Teil II die Ethik und Teil III die Naturphilosophie enthalten sollte, Teil I, d. h. der vorliegende, die Mathematik behandeln, was aber sicher nicht das *zentrale* Thema dieses Werkes ist.

677: Zur Relation s. 77, 778. Zur Koexistenz s. 403, 754. Zur Inklusion s. 690.

678: Vgl. 567, 688, 742. Über das Verhältnis zu den Vorgängern s. 682.

680: Ähnliches fordert Schopenhauer im Vorwort zu „Die Welt als Wille und Vorstellung".

681: Vgl. 192, 194, 194a, 707.

682: Vgl. 678, 688 (Wiederholung). In „De Motu" § 1 nennt Berkeley eine oft genannte, aber selten beachtete Regel, nämlich die Bedeutung der Wörter zu beachten.

683: Vgl. 669.

684: Vom Willen, den Handlungen, dem Verstand können wir also keine Vorstellungen haben.

685: Vgl. 757, 807.

686a: Vgl. 800, 863. – Berkeley leugnet die Existenz von bewußtseinsunabhängiger Materie, aber nicht die Existenz von Körpern, die er als Vorstellungskomplexe auffaßt. Malebranche (z. B. „Eclaircissements", Oeuvres, tom. III, Paris ²1976, p. 65 f.) zweifelt nicht an der Existenz der Körper, aber sie ist nicht beweisbar, sondern nur durch den Glauben und die Offenbarung garantiert; so auch bei Fardella.

687: Vgl. 561.

688: Vgl. 467, 567, 682 (Wiederholung).

690: Vgl. 677; vgl. Lockes Beispiel: Eigentum ist das Recht auf etwas, Unrecht ist die Verletzung dieses Rechts. Also gibt es, wo es kein Eigentum gibt, kein Unrecht. (B. IV, K. 3, § 18). Um solche Beweise zu ermöglichen, braucht man detailliert definierte Begriffe.

691: Vgl. 771, 728, 729.

692: Die Wörter und Zeichen sind der Grund dafür, daß der Mensch von der Wahrheit abweicht. Als aufklärerischer

Denker glaubt Berkeley nicht, daß der Mensch ohne Grund irrt.

693: S. Anm. 212, 736. Berkeley will mit seiner Sprachkritik vor allem *philosophische* Irrlehren beheben.

695: Zur Unendlichkeit des Raumes s. Berkeleys „Of Infinites" und Locke II, 17 § 4, 20. Zur Möglichkeit, daß Materie denke, Locke IV, 3 § 6. Vgl. 718.

697: Vgl. 698, 729. – Über vermittelnde Vorstellungen Locke IV, 2 § 2–9. Vermittelnde Vorstellungen sind die Beweismittel, die bei Zwischenschritten zur Herstellung einer Übereinstimmung zwischen zwei Vorstellungen verwendet werden.

698: Vgl. 668, 697, 728, 729. – Über den Scharfsinn im Auffinden vermittelnder Vorstellungen s. Locke, IV, 2 § 3; 3 § 18.

699: Vgl. 621: – „Kraft" hat hier keine physikalische Bedeutung, sondern ist die Kraft, Fähigkeit des Willens, des Geistes.

700: Vgl. 701. – Edward Stillingfleet (1635–1699), Bischof von Worcester, war der Führer der kirchlich Konservativen und einer der ersten Kritiker Lockes, in dessen Werk er einen Angriff auf den christlichen Glauben sah.

701: Vgl. 657, 700, 724, 828, 870. – Unter „Substanz des Körpers" versteht Berkeley die Wahrnehmungen (*esse est percipi*). Der Geist ist nicht durch Wahrnehmungen oder Vorstellungen erkennbar. Später führt Berkeley eine besondere Erkenntnisart ein, mit der wir den Geist und seine Tätigkeiten erkennen.

704: Locke (II, 1 § 10) vergleicht das Denken der Seele mit der Bewegung eines Körpers und leugnet, daß die Seele immer Vorstellungen habe.

705: Locke (I, 4 § 7) leugnet, daß uns der praktische Grundsatz „Gott muß verehrt werden" angeboren ist.

707: Vgl. 145a, 681, 815. – Es geht Berkeley darum, daß der Wille nicht durch Unbehagen determiniert sei, wie Locke lehrte.

709: Philippe van Limborch (1633–1712), Theologe in Amsterdam, war ein Freund und Briefpartner Lockes („Some Familiar Letters between Mr. Locke and several of his friends", London 1708, p. 479).

710: Vgl. 59. – m.t. = minimum tangibile, m.v. = minimum visibile; Minimum des Tastbaren bzw. Sichtbaren.

712: Vgl. Anm. 658. – Geist (mind oder spirit) ist Oberbegriff für die (menschliche) Seele und Gott.

713: Vgl. 14, 25, 715. – Berkeley vermeidet den theologisch belasteten Begriff „Person" (er kommt in den „Prinzipien" nicht vor).

714: Vgl. 75, 545, 763. – Zahlen sind nur Wörter, daher ist die (auf die Einheit des Geistes bzw. Gottes gerichtete) Frage nur eine, die sich um Wörter dreht.

717: Berkeley meint, Locke hätte zuerst eine Sprachkritik betreiben müssen, statt sich sogleich mit den angeborenen Vorstellungen zu befassen, dann wäre er nicht auf seine Abstraktionslehre verfallen.

718: Vgl. 695. Locke (IV, 10 § 9) führt diese Beispiele als nichtdenkende Dinge an.

719: Vgl. 693; s. Anm. 212.

720: Berkeley unterscheidet zwischen blindem Glauben (implicit faith) und entwickeltem Glauben (explicit belief); damit wendet er sich gegen den Rationalismus und Deismus, wie er z. B. von John Toland („Christianity not Mysterious", London 1696) vertreten wurde.

721: S. 662.

722: Vgl. 21, 85.

723: Vgl. 60.

724: S. 701; gemeint ist Locke.

726: Vgl. 94.

727: S. Anm. 566.

728: Vgl. 668, 698, 729.

729: Vgl. 697.

730–731a: Vgl. 239, 312 (3), 736, 740, 776. – Berkeley behandelt mit wechselndem Erfolg das später von Wittgenstein in seinen „Philosophischen Untersuchungen" erörterte Problem der „Privatsprache" und der Gewißheit. Verneinung und Beweis ist nur in der Sprache, nicht in der Wahrnehmung möglich. Gewißheit gibt es nur „hinter den Wörtern" und bzgl. sinnlicher Vorstellungen.

733: Bezieht sich auf Locke IV, 3 § 18.

734 und 735: Vgl. 884. – Selbst Naturgesetze sind kontingent, also nicht *ewige* Wahrheiten. Beweise sind immer verbal (750) und daher von der beliebigen Wahl der Zeichen ab-

hängig. Die aeternae veritates behandelt Locke IV, 11 § 14. Zu Wahrheit s. 873.

736: Vgl. 693, 730–731a.

737: Die Metaphern vom Ver- bzw. Entkleiden in Bezug auf den Irrtum werden von Berkeley oft verwendet. Vgl. L. Wittgenstein, „Tractatus logico-philosophicus" 4.002.

738: Vgl. 731. – Nach Berkeleys Prinzip „Sein ist Wahrgenommenwerden oder Wahrnehmen (denken)" folgt aus dem Denken das Sein.

739: Vgl. 676, 677. Locke (IV, 1 § 3 ff. und 3 § 7 ff.) unterscheidet vier Arten der Übereinstimmung oder Nichtübereinstimmung, die unser Wissen ausmachen: 1. Identität oder Verschiedenheit, 2. Relation, 3. Koexistenz oder notwendige Verbindung, 4. Wirkliches Dasein. Berkeley behält nur Koexistenz und Relation bei, gliedert aber aus Relation wiederum Inklusion aus (s. 677).

740: Vgl. 405, 730–731a.

741: Vgl. 688.

742: Vgl. 678. „Kurzsichtigkeit" ist als Metapher gebraucht; vgl. Princ. Introd. § 5.

743: Zu Limborch s. 709.

744: Berkeley berührt hier den für Kant zentralen Punkt der transzendentalen Apperzeption, s. „Kritik d. reinen Vernunft" B 132. – „Antwort": Im Manuskript steht ein schwer lesbares Wort, das vier Buchstaben hat. Luces Vermutung „Res" (Dinge) ergibt kaum einen Sinn. Ich lese „Resp." (Antwort), eine in der Scholastik übliche Formel.

748: „Garben und Bündel" ist eine Metapher, die Berkeley von Locke (IV, 12 § 12) übernimmt, sie aber gegen Lockes eigene Lehre von abstrakten Vorstellungen wendet.

749: Vgl. 9, 835. – „Geister" = „intellects" ist nicht auf den Menschen, sondern auf höhere Geistwesen bezogen. Vgl. „intelligences" (9), wo der analoge Unterschied für die Zeit erwähnt wird. Zum Erkenntnisunterschied überhaupt vgl. 410. – „m.v.s." ist der Plural von minimum visibile, vgl. 65, 66. Ein m.v. eines höheren Wesens könnte mehrere m.v.s. eines Menschen umfassen.

750: Vgl. 732. Alciphron VII, 11–13.

751: „Metaphysik": gemeint ist die spitzfindige Philosophie, nicht Metaphysik in jedem Sinne.

752: Vgl. Princ. § 145. – Das Problem der Erkenntnis

anderer Geister außer Gott wird im Tagebuch sonst nicht erwähnt.

753: Vgl. 760, VI, VII.

754: Vgl. 403, 499, 677, 853.

755: Vgl. 336, 669, 683.

756: Vgl. 663.

757: S. 685, 775, 807, 872.

758–768: Bemerkungen zu Arithmetik und Algebra, vgl. Princ. 118–122.

758: Vgl. 761, 763, 880, 881. – Zahlen sind, wie Berkeley meint, bloße Namen und die algebraischen Buchstaben Namen für Zahlen, also Namen für Namen.

759–761, 765–766: Zahlen sind Namen für komplexe Vorstellungen, die vom Geist gebildet werden. Die Zusammenfassungen erfolgen nach Nützlichkeitsaspekten (Kronen oder Schillinge).

762: Die Bedeutung der Sprache für die Bildung des Zahlbegriffs bei Kindern schränkt z. B. Jean Piaget ein.

763: Vgl. 714, 750. – Die Anmerkungen von Hecht (1926) und Luce (1944), daß Berkeley hier zwischen bloßen Namen (Zeichen) und für konkrete Vorstellungen stehenden Wörtern unterscheide, beruht auf der von Fraser übernommenen falschen Lesart „never words" statt „meer words". Vgl. 354a.

767: Vgl. 803.

768: Vgl. 868, 880. – Die Wertschätzung, die die Mathematik seit Platon im Hinblick auf die spekulative Erkenntnis genießt, wird von Berkeley nicht geteilt. Die Mathematik liefert ihm nur praktisch brauchbare Resultate.

769: Vgl. 539–542, 773, 787, 852. – Für den Sensualisten Berkeley ist auch das höchste Ziel, die ewige Glückseligkeit (776), nicht durch Vernunft (Ratio) bestimmt, sondern durch die Sinne vermittelt. Das Thema wird im „Alciphron" II, § 13 ff. differenzierter behandelt. Malebranche (IV, 10 § 1) wendet sich gegen die Stoiker (z. B. Seneca, Brief 85) mit der Bemerkung, daß Lust immer ein Gut und Schmerz immer ein Übel sei. – „Evangelien" = „Gospels" ist im Manuskript zweifelhaft.

770: In 778 versucht Berkeley, auch die Geometrie zu einer bloßen Wissenschaft von Zeichen zu machen.

771: Vgl. 691. Locke IV, 8.

773: Vgl. 769, 787.
774: Eine Metapher, vgl. Princ. Introd. § 5.
775: Vgl. 685, 807, 872; Princ. § 33.
776: Vgl. 730–731a.
777: Vgl. 791.
778: Berkeley tendiert dazu, die gesamte Mathematik als bloße Wissenschaft von Namen (Zeichen) darzustellen. Hier dehnt er, was er bisher nur für Arithmetik und Algebra ohne Einschränkung behauptete (770), auch auf die Geometrie aus.
780–786: Bemerkungen zu Descartes. – 780: Descartes verwendet den Grundsatz in den „Meditationen" (III), Berkeley erwähnt ihn in den Drei Dialogen (III am Anfang).
782: Vgl. 805. – Da Gott Geist (aktiv) ist, können wir keine Vorstellung (passiv) von ihm haben. Der auch von Descartes in den „Meditationen" verwendete ontologische Gottesbeweis führt vom Begriff Gottes zu seinem Dasein.
783: S. Anm. 305.
785: Descartes, Med. III § 21.
786: Descartes, Med. III § 30.
787: Vgl. 769, 773.
788: Diesen Gedanken hat Schopenhauer besonders betont.
790: Vgl. Princ. § 29; Locke IV, 11 § 5; Descartes, Med. VI.
791: Vgl. 777.
790 und 791: Im Manuskript hat Berkeley zwischen diesen beiden Eintragungen eine Trennungslinie gezogen.
792: „im ersten Buch", d. h. in den Prinzipien der menschlichen Erkenntnis (s. Anm. 508).
793a: Sollte, wie ein Einfügungszeichen deutlich macht, in 793 nach „Gold ist fest" stehen.
794–799: Auseinandersetzung mit Descartes und Hobbes.
795: Descartes, „Oeuvres", ed. Ch. Adam/P. Tannery, t. 7, p. 175 f.
796: Hobbes, zweiter Einwand, a.a.O. (795), p. 172.
797: Hobbes, dritter Einwand, a.a.O. (795), p. 177.
798: „er" d. h. Descartes.
800: S. 686a, 863.
801: Vgl. 477a. „Our" = „unser" ist zur Betonung groß geschrieben.
802: Vgl. 52, 80.

803: Vgl. 767.

804: S. Anm. 212, vgl. 817.

805: Vgl. 782.

807: S. Anm. 305; vgl. 685, 757. – „im zweiten Buch“: gemeint ist der geplante zweite, nie erschienene Teil der Princ., der die Willenslehre und Ethik enthalten sollte.

808: Vgl. 507. – Der sowohl von Hecht als auch von Luce vorgeschlagenen Interpretation, „Subjekt“ hier in seiner veralteten Bedeutung, d. h. wie heute „Objekt“, aufzufassen, steht wohl entgegen, daß Berkeley zuerst nur „Objekt“ schrieb und später „oder Subjekt“ hinzufügte, was dann ein unverständlicher bewußter Pleonasmus wäre. – Man muß hier wohl einen Ansatz sehen, das Subjekt, im Unterschied zum Denkakt, zu den Vorstellungen zu rechnen, der aber später (849) wieder aufgegeben wird.

810: Vgl. 651, 842. – Der Geist ist niemals ohne Vorstellungen. „reiner Verstand“ (s. auch 531).

812: Vgl. 177a, 348. – Nach Malebranche III, 2 ch. 6 sehen wir alle Dinge in Gott.

813: Vgl. 838. – Die Selbstberuhigung weist nur umso deutlicher auf die Schwierigkeit hin. – Über „Gewißheit“ s. 729–731a, 740.

815: Vgl. 707.

816: Berkeley macht, wie Descartes (Med. IV), für den Irrtum den Willen verantwortlich.

817: S. Anm. 212. – Locke IV, 17 § 4.

818: Vgl. 823, 843. – Descartes, Med. VI § 10, 21. Malebranche, *Eclaircissements* VI (Oeuvres, ed. A. Robinet, t. III, Paris [2]1976, pp. 53–66).

820: Vgl. 614a, 615a, 833, 841, 848.

822: Vgl. Princ. 144.

823: Vgl. 675, 818, 843; Princ. § 33.

825: Hobbes versucht, die Attribute Gottes von den äußeren Objekten her zu gewinnen, z. B. in seinen Einwänden gegen Descartes' „Meditationen“ (Descartes, Oeuvres, ed. Ch. Adam/P. Tannery, tom. VII, p. 186; III, 10). – Spinoza s. Anm. 827. – Locke s. Anm. 298.

827: Vgl. 41; s. Anm. X, Anm. 298, Anm. 825. – Spinoza, Opera posthuma 1677, zitiert diese Stelle aus dem 21. Brief an Oldenburg, worin auch auf die Stelle von „St. Paulus“ (Acta XVII, 28) Bezug genommen wird.

828: S. Anm. 657. *actus purus* ist der an Aristoteles (Metaphysik XII, 7; 1072 a 25 und b 27) anknüpfende Ausdruck der Scholastik für Gott (z. B. Thomas v. Aquin, „Summa theol." I q. 3 a. 2).

830: Der Mensch ist schöpferisch, gleichsam ein zweiter Gott (quasi alius deus). Berkeley verschweigt, daß wir gerade *nicht* aus Nichts erschaffen, denn wie er (823) sagt, sind die Werke unserer Einbildungskraft nur Kopien.

832: Berkeley geht hier weiter, als Kant geht, denn schon der Gedanke an die „Dinge an sich" macht sie zu unseren Vorstellungen, also zu „Dingen für uns". Wir können die „Dinge an sich" nicht nur nicht erkennen (Kant), wir können nicht einmal sinnvoll von ihnen sprechen.

833: Vgl. 820. Das Argument beruht auf einer *petitio principii.*

834: Vgl. 837. – 1656 entbrannte durch einen Angriff des Mathematikers John Wallis auf die Geometrie von Thomas Hobbes, der die Anwendung der algebraischen Mittel in der Geometrie ablehnte, ein Streit, der erst 1679 durch den Tod von Hobbes endete. Hobbes glaubte, die großen Probleme der Kreisquadratur, des Kontingenzwinkels und der Definition von Punkt, Linie und Winkel gelöst zu haben. Hobbes, Opera Latina, ed. Molesworth, IV, 522.

835: Vgl. 9, 749.

836: Vgl. 68. – Locke III, 3 § 13, 14.

837: Vgl. 834.

838: Vgl. Princ. § 29 f., 90. – Der Ton liegt auf „jede"; auch die sogenannten sekundären Qualitäten dienen zum Gottesbeweis (vgl. 801).

839: Vgl. 851.

840: J.S. = John Sargent (oder Sergeant) (1622–1707), ein katholischer Kritiker Lockes: „Solid Philosophy asserted against the fancies of the ideists", London 1697.

841: Vgl. 614a, 615a, 820, 833, 841, 848, 854, 867, 871.

842: Vgl. 651, 810.

843: Vgl. 818, 823; Princ. § 33.

844: Heinrich Oldenburg (1615?–1677) aus Bremen war erster Sekretär und Auslandskorrespondent der Royal Society. 1661 bat er schriftlich Spinoza, ihm seine Ansichten über Gott, Ausdehnung und die kartesianische Philosophie darzulegen. Das Zitat stammt aus Spinozas Antwort (Opera posth. p. 397).

845: Die erste Definition stammt von Descartes (Med. III, 22 und 24), die zweite von Spinoza (Ethik I, Def. 6). Berkeleys Definition von „Gott“ (838): ein unausgedehnter, unkörperlicher Geist, der allwissend, allmächtig usw. ist.

846: Vgl. TV § 145.

848: s. Anm. 841.

849: Vgl. 808.

850: Vgl. 403, 433, 855, 856; Princ. § 64 f.

851: Vgl. 839.

852: Vgl. 769. – Die in 541 abgelehnte Unterscheidung zwischen Nutzen und Vergnügen (klassisch: *uti* und *frui*) kommt hier *innerhalb* des Bereichs der Lust wieder.

853: Vgl. 677.

854: S. dagegen 871.

855: Vgl. 403, 433, 850, 856.

858: S. Anm. 212.

859 und 860: „Wenn das so ist“: Es ist unklar, worauf Berkeley damit anspielt. Luce bezieht es mit „no doubt“ auf 292, d. h. auf die Beschränktheit unseres Geistes als Entschuldigungsgrund, doch so zweifellos erscheint mir dieser Bezug nicht.

861 und 862: Vgl. 46, 47, 50, 51, 378 (14).

863: Vgl. 52, 686a, 800. – Indem Berkeley „without the mind“, das im Englischen mehrdeutig ist (außerhalb, ohne, unabhängig vom Geist), durch „verschieden vom Geist“ interpretiert, versucht er scheinbar, die übliche Auffassung und seine eigene in Übereinstimmung zu bringen. Durch 878 und 882 wird der Unterschied aber wieder deutlich gemacht.

864: Vgl. 533’.

867: Vgl. 871.

868: Vgl. 768; Princ. § 131.

870: Vgl. 701, 828.

871: Vgl. 841, 854, 867.

872: Vgl. 369, 644, 757, 775.

873: Vgl. 735.

874: z. B. Locke und Malebranche verlegen die sekundären Qualitäten in das erkennende Subjekt, Berkeley meint, zeigen zu können, daß alle Vorstellungen subjektgebunden sind.

875: Vgl. 145, 145a, 653, 654, 879. – Aus den Randzeichen „S.G.“ schließt Luce, daß der Wille Gottes gemeint sei.

Dieser Schluß ist aber nicht zwingend. Der „Wille“ ist der des Menschen („S.“), das in Frage stehende Vorherwissen das sen Gottes („G.“). Berkeley stellt sich also das Problem der Prädestination.

876: Vgl. Princ. § 112; De Motu § 58. Bewegung ist relativ.

877: S. Anm. 75. Berkeley hält den Gedanken für absurd, während Leibniz bewußt aussprach, daß jede Monade mit jeder in Beziehung stehe.

878: Vgl. 863. – „Buch II“ s. Anm. 508.

879: S. Anm. 145. – Locke II, 21 § 22, 25.

880 und 881: Vgl. 758, 763, 767, 768.

883: Vgl. Alciphron VII § 11–14.

884: Vgl. 734; Princ. § 30–32.

887 und 888: Gerard de Vries, Freund und Briefpartner von Locke, schrieb über Naturphilosophie und Ethik. Seine „Diatribe de ideis rerum innatis“ (1685) erschien als Appendix zu seinen „Exercitationes rationales de deo divinisque perfectionibus“ (1695). p. 66: „In nos descendere si voluerimus, plurimarum rerum quarum immediate nobis sumus conscii, sensum magis et conscientiam in nobis deprehendemus, quam ullum earundem per ideam repraesentamen. In quarum numerum fames, sitis, dolor . . .“

I: Vgl. 104, 110.

II: Vgl. 80, 84; Anhang XXII.

III: Vgl. 78, 105, 106.

V: Locke II, 9 § 1.

VI und VII: Vgl. 753. – Luce liest in VI statt „horse slackling" „horse shilling". Dafür scheint 809 zu sprechen, wo das Pferd als komplexe Vorstellung erwähnt wird, doch ist diese Lesart mit Sicherheit falsch.

VIII: Vgl. Locke II, 9 § 13–15.

IX: Vgl. Locke II, 10 § 2. – Aristoteles erwähnt in der „Metaphysik" (I, 1; 980 a 29) das Gedächtnis als Bedingung der Erkenntnis.

X: Berkeley ist bemüht, von Gott das Attribut der Ausdehnung und vom Raum das der Unendlichkeit fernzuhalten. Vgl. 90, 290, 298, 310, 825, 827; Anhang XVIII–XXI, aber auch 391; Princ. § 117.

XI: Vgl. 15. Locke II, 14 § 9. – Bezieht sich auf den scheinbaren Kreis des schnell bewegten Feuers.

XII: Vgl. Locke II, 15 § 4. – „Ausdehnung" steht hier für „expansion", sonst für „extension".

XVI u. XVII: „Zahlenart" = „mode of number" sind hier die mit besonderen Namen belegten Zehnerpotenzen (z. B. Hundert, Tausend, Million).

XVIII–XXI: Vgl. 90, 298; Anhang X.

XX u. XXI: „Of Infinites" und Locke II, 17 § 7.

XXII: Vgl. 80, 84; Anhang II.

XXV: Vgl. 176, 176a, 544, 636.

a–h: Diese Notizen entstanden in Auseinandersetzung mit Locke II, 21 (Kraft, Freiheit) und II, 23 (Substanz).

g: Kritische Frage zu Locke II, 23 § 19–21, wo dieser die Bewegungsfähigkeit der Geister vertritt.

h: Vgl. 700, 701, 724. Diese Notizen sind wohl später geschrieben als h, denn Berkeley differenziert dort genauer.

LITERATURHINWEISE

Kritische Ausgaben

Philosophical Commentaries. Transcribed from the Manuscript and Edited with an Introduction and Index by George H. Thomas Explanatory Notes by A. A. Luce. Alliance, Ohio (Mount Union College) 1976.

Philosophical Commentaries generally called the Commonplace Book. An editio diplomatica transcribed and ed. by A. A. Luce. London usw. 1944.

Ältere Ausgaben und Übersetzungen

A Commonplace Book, in: The Works of George Berkeley, ed. by A. C. Fraser, vol. IV. Oxford 1871.

A Commonplace Book, in: The Works of George Berkeley, ed. by A. C. Fraser, 2. veränderte Ausgabe, vol. I, Oxford 1901.

Le journal philosophique de Berkeley – Commonplace Book. Étude et Traduction par Raymond Gourg. Paris 1907.

Gli appunti (Commonplace Book), ed. Mario Manlio Rossi. Bologna 1924.

Philosophisches Tagebuch (Commonplace Book), übers., eingel. u. mit Anm. u. Registern vers. von Andreas Hecht. Leipzig 1926.

Berkeley's Commonplace Book. Ed. with introd., notes and index by G. A. Johnston. London 1930.

Standardausgabe der Werke

The Works of George Berkeley, ed. by A. A. Luce and T. E. Jessop. 9 Bände. London 1948–1957 (Reprinted 1964).

Biographie

A. A. Luce, The Life of George Berkeley Bishop of Cloyne. London 1949 (Reprinted with new preface New York 1968).

Bibliographien

T. E. Jessop, A Bibliography of George Berkeley, with an inventory of Berkeley's Manuscript remains by A. A. Luce. 1934 (Reprinted New York 1968).

Colin Murray Turbayne and Robert Ware, A Bibliography of George Berkeley 1933–1962. Journal of Philosophy 60 (1963), 93–112.

Colin Murray Turbayne and Robert Appelbaum, A Bibliography of George Berkeley, 1963–1974. Journal of the History of Philosophy 15 (1977), 83–95.

Deutsche Übersetzungen anderer Schriften Berkeleys:

Versuch einer neuen Theorie der Gesichtswahrnehmung und Die Theorie der Gesichtswahrnehmung verteidigt und erläutert, übers. u. mit Anm. vers. von Raymund Schmidt, durchges. u. durch ein Vorwort eingef. von Paul Barth. Leipzig 1912.

Eine Abhandlung über die Prinzipien der menschlichen Erkenntnis, nach der Übers. von Friedrich Ueberweg mit Einl., Anm. u. Registern neu hrsg. von Alfred Klemmt. Hamburg 1957 (Nachdr. 1964).

Drei Dialoge zwischen Hylas und Philonous, mit Einl. u. Anm. neu hrsg. von Georg Mende. Berlin 1955.

Schriften über die Grundlagen der Mathematik und Physik. Einl. u. Übers. von Wolfgang Breidert. Frankfurt a.M. 1969.

Alciphron. Übers. u. hrsg. von Luise und Friedrich Raab. Leipzig 1915.

Siris. Übers. u. hrsg. von Luise und Friedrich Raab. Leipzig 1913.

Literatur zu Berkeley und seinem philosophischen Tagebuch:

Theodor Lorenz, Beiträge zur Lebensgeschichte George Berkeley's. Archiv für Geschichte der Philosophie 13 (1900), 541–549; 14 (1901), 293–318; 17 (1904), 159–170; 18 (1905), 551–556.

–, A. C. Fraser, The Works of George Berkeley. Mind 11 (1902), 249–253.

–, To the Editor of „Mind" (A Reply to Fraser), Mind 13 (1904), 304–306.

Benno Erdmann, Berkeleys Philosophie im Lichte seines wissenschaftlichen Tagebuchs. Berlin 1919 (Abhandlungen d. Preuß. Akad. d. Wissensch., philos.-histor. Klasse, 8).

Rudolf Metz, George Berkeley – Leben und Lehre. Stuttgart 1925 (Nachdr. 1968).

–, Berkeleys Philosophisches Tagebuch. Kant-Studien 31 (1926), 344–351.

R. I. Aaron, Locke and Berkeley's Commonplace Book. Mind 40 (1931), 439–459.

–, Dr. Johnston's Edition of the Commonplace Book – Additional Corrections. Mind 41 (1932), 277–278.

A. A. Luce, Berkeley's Commonplace Book – Its Date, Purpose, Structure, and Marginal Signs. Hermathena 22 (1932), 99–131.

–, The Purpose and the Date of Berkeley's Commonplace Book. Proceedings of the Royal Irish Academy, Sect. C, 48 (1942/43), 273–289.
–, The Alleged Development of Berkeley's Philosophy. Mind 52 (1943), 141–156.
–, Berkeley's Immaterialism. Edinburgh 1945 (Reprinted New York 1968).
Warren E. Steinkraus (Ed.), New Studies in Berkeley's Philosophy. New York 1966.
Bertil Belfrage, George Berkeley's „Philosophical Commentaries" – A Review of Prof. A. A. Luce's Editions. Logik, Rätt och Moral 1969, 19–34.
Paul J. Olscamp, The Moral Philosophy of George Berkeley. The Hague 1970.
A. A. Luce, Another Look at Berkeley's Notebooks. Hermathena 110 (1970), 5–23.
George Pitcher, Berkeley. London usw. 1977.

NAMENREGISTER△

△ Die Zahlen bedeuten die Nummern der Eintragungen.

SACHREGISTER

www.ingramcontent.com/pod-product-compliance
Lightning Source LLC
LaVergne TN
LVHW091412190726
843491LV00006B/1398

* 9 7 8 3 7 8 7 3 4 8 2 5 1 *